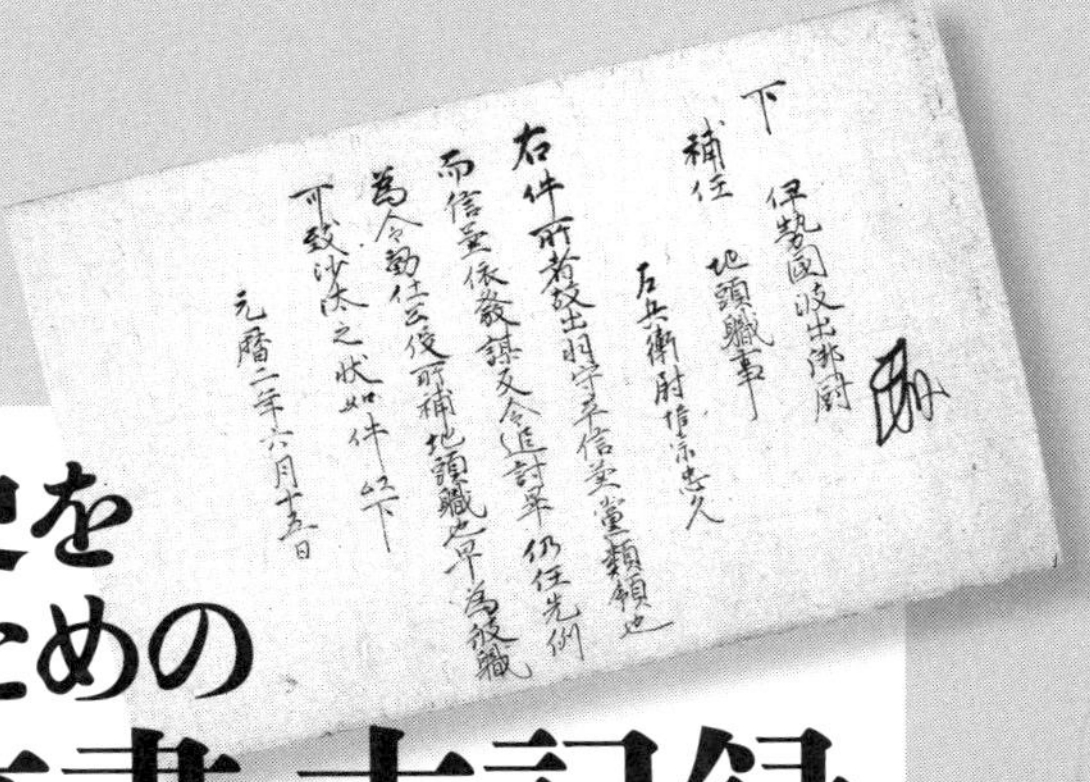

日本史を学ぶための古文書・古記録訓読法

日本史史料研究会 監修
苅米一志 著

吉川弘文館

目　次

緒　言

（1）記述の指針

古代・中世における文書・記録の文体は独特である。
たとえば、ある文書の末尾は、次のようになっている。

右条々、堅令停止畢、若於違犯之輩者、忽可被処厳科者也、仍下知如件、

これを訓読すると、「右の条々、堅く停止せしめ畢《おわ》んぬ、若《も》し違犯の輩《ともがら》においては、忽《たちま》ち厳科に処せらるべき者なり、仍《よ》って下知件《くだん》の如し」となる。現代語訳は「右の条々は、これを固く禁止する。もし違反する者があった場合は、早速厳罰に処するものである。よって以上の通り下達する」となる。

読みづらいかも知れない。はじめて見る者にとっては、おそらく漢字のよみさえ理解できないのが正直なところではないだろうか。しかし、実はこの一文にこそ、古代・中世における漢文のエッセンスがよくあらわれている。「令」「可」「被」「也」「如」という助動詞、「畢」という補助動詞、「堅」「若」「忽」という副詞、「仍」という接続詞。これらは、古代・中世の文書・記録において、きわめて頻繁に使用される品詞である。

したがって、こうした品詞や語法になれ、その意味を正確に解釈することが、文書・記録の読解のための重要な手段であることは疑いない。古代・中世の文書・記録は、一般に「変体漢文」という独特な文章によってつづられている。つまり、この「変体漢文」を訓読し、解釈することが歴史学の基礎的な作業となってくるわけである。

ところが、「変体漢文」の読解には、重大な障害がある。従来、その訓読のしかたは、主として教員が学生に口頭によって伝達していた。つまり、寺子屋のような読み聞かせのかたちで教授されてきたのである。しかし、これには大きな問題がある。

第一には、教授されている訓読法の適否について、点検する手段を欠くことである。そのため、東日本と西日本の大学で、訓読のしかたが異なるというような現象もおこっている。字訓の違い程度ならば問題はないが、意味解釈にまで違いがうまれるとすれば、それは大きな問題であろう。したがって、ゆるやかではあっても「最大公約数的な基準」というものを構築し、それを比較検討していく必要がある。

第二に、教授できる人数の限界である。学生が試読し、教員がそれをなおす、という方法によるかぎり、学生の数はせいぜい四五十人程度が上限であろう。しかし、古代・中世の記録・文書を自学自習したいとねがう人々は、潜在的に膨大な数にのぼるのではなかろうか。いわゆる大学の史学科における教育、という枠内に限定されているかぎり、「変体漢文」の訓読法という重要な手段が、社会の広い層に拡大していくことは難しい。

従来、「変体漢文」の訓読が重要と見なされながらも、それを専一にあつかう教科書というものは存在していなかった。峰岸明『変体漢文』（国語学叢書一一、東京堂出版、一九八六年）はこの分野の名著であるが、専門性がきわめて高く、しかも現在では絶版となっている。いわゆる古文書学の入門書においても、文書の様式や字体の判読に重きがおかれ、訓読そのものについては十全な解説がおこなわれていない。訓読はできて当たり前、という風潮が存在したためであるが、もはや高校教育における漢文の知識をあてにできる時代ではない。ゼロの状態からの学習、という課題にこたえ得る、何らかの標準的な手引きが必要とされているのである。

以上のような理由から、筆者は従来の古文書入門の枠をこえ、変体漢文の訓読に重点をおいた、簡略な手引書を作成することとした。ここでは、いわゆる古文書の様式や変遷、あるいはくずし字の解読などには一切ふれない。あくまで活字の白文を訓読し、その意味を解釈する、という点を専一に追求するつもりである。

(2) 方法論について

我々がある変体漢文を訓読し得たとして、古代・中世の人々は本当にそれと同様な読み方をしていたのだろうか。そうした疑問が浮ぶかもしれない。つまり、そのように訓読する根拠はどこに求められるか、という問題である。

これについては、案外に手がかりは多い。当時の人々は変体漢文を書きつづり、また読解していたわけだが、その痕跡はさまざまな資料に残されている。

第一に挙げられるのは、訓点資料であろう。漢文に対して、それを訓読するための記号を施した資料は多い。特に古代から存続する大寺院などには多く残されており、それ自体が一個の研究対象をなしている。

第二に、漢字仮名まじり、または仮名書きの文章の存在である。漢文で記してあったもの、あるいは漢文で記すべきであったものを、漢字仮名まじりや仮名書きで記したものである。たとえば、天皇が読みあげる宣命、祭祀の場における祝詞、書状の類などが挙げられる。これらの中には、漢語を極力使わない、いわゆる「やまとことば」で音読するものもあるが、その語順については参考にすることができる。

この他、訓読の手がかりを得るための資料として、譲状と置文という組み合わせは興味深い。譲状とは、家の当主が自身の死後、誰にどのような財産を譲るのかを書きあげた文書である。公的な機関にも提出されて認可を受けるため、漢文で記されることが多い。それに対して、当主が被譲者に対して死後の遵守事項を命じたのが置文である。これは私的な内容であるため、仮名書きであることが多いが、文章そのものは前者の譲状と共通する部分がきわめて多い。大づかみに言って、譲状を訓読して仮名書きにしたのが置文ということになる。両者を比較することによって、当時の人々が変体漢文をどのように訓読していたかを知ることができる。

こうした方法によって抽出された規則を、たとえば仮名書きの書状にあてはめて、それをもとに漢文を再構築してみると、他の変体漢文とほとんど矛盾は見出せない。ここで解説するのは、そのようにして見出された訓読の方法であるということになる。

読者は、とりあえず本書の冒頭から目を通し、提示された例文の訓読および現代語訳を読んでいけば、自然と変体漢文に親しむことができるようになっている。なお、文中にはあくまで必要な範囲で、簡略な演習問題も配置してある。

（3） 参考文献

ここではあくまで変体漢文の訓読法に重点をおくため、古文書の様式や辞書的な知識には対応できない。そこで、有益と思われる周辺分野の参考文献を掲げておく。

A—1 書籍（歴史学・古文書学）

阿部猛編『古文書古記録語辞典』東京堂出版、一九九五年

阿部猛編『荘園史用語辞典』東京堂出版、一九九七年

網野善彦・他編『ことばの文化史　中世1〜4』平凡社、一九八八〜八九年

荒居英次・他編『古文書用字用語大辞典』柏書房、一九八〇年

飯倉晴武『古文書入門ハンドブック』吉川弘文館、一九九三年

同『古記録』東京堂出版、一九九八年

同『明治以前天皇文書の読み方・調べ方』雄山閣出版、一九八七年
飯倉晴武・高橋正義・中尾堯『体系・古文書実習　改訂版』雄山閣出版、二〇〇〇年
小山田和夫『入門　史料を読む　古代・中世』吉川弘文館、一九九七年
小和田哲男『図録　中世文書の基礎知識』柏書房、一九七九年
工藤敬一『中世古文書を読み解く―南北朝内乱と九州』吉川弘文館、二〇〇六年
ことばの中世史研究会編『鎌倉遺文にみる中世のことば辞典』東京堂出版、二〇〇七年
斎木一馬『古記録の研究』吉川弘文館、一九八九年
同『古文書の研究』吉川弘文館、一九八九年
同『古記録学概論』吉川弘文館、一九九〇年
佐藤和彦『中世史用語事典』新人物往来社、一九九一年
佐藤進一『新版　古文書学入門』法政大学出版局、二〇〇三年
柴辻俊六『戦国大名文書の読み方・調べ方』雄山閣出版、一九八四年
杉浦克己『書誌学・古文書学　文字と表記の歴史入門』放送大学教育振興会、一九九四年
高橋秀樹『古記録入門』東京堂出版、二〇〇五年
日本古文書学会編『日本古文書学論集』吉川弘文館、一九八六～八八年

日本歴史学会編『概説　古文書学　古代・中世編』吉川弘文館、一九八三年
橋本義彦編『日本歴史「古記録」総覧〈古代・中世篇〉』新人物往来社、一九九〇年
早川庄八『宣旨試論』岩波書店、一九九〇年
林陸朗監修『古文書古記録難訓用例大辞典』柏書房、一九八九年
外園豊基『中世古文書の散策』教育出版、一九九三年
峰岸純夫編『今日の古文書学　第三巻　中世』雄山閣出版、二〇〇〇年
横山篤美『古文書難語辞典』柏書房、一九八一年
『日本古文書学講座』一～一一、雄山閣出版、一九七八～八〇年

A―2　個別論文（歴史学・古文書学）

今泉淑夫「記録語片々」『国語展望』六三、一九八三年
菅原正子「中世の古文書にみる仮名と漢字―ジェンダーは存在するのか」『総合女性史研究』二二、二〇〇五年
船越雅世「鎌倉期の武家社会における『仮名文書』について」『史艸』四六、二〇〇五年
吉川真司「女房奉書の発生」『古文書研究』四四・四五、一九九七年

B—1　書籍（日本語学）

出雲朝子『中世後期語論考』翰林書房、二〇〇三年
今泉忠義『日葡辞書の研究〈語彙〉』桜楓社、一九七〇年
同『日葡辞書の研究〈用語〉』桜楓社、一九七〇年
鎌田正編『漢文教育の理論と指導』大修館書店、一九七二年
辛島美絵『仮名文書の国語学的研究』清文堂出版、二〇〇三年
川瀬一馬『古辞書概説』雄松堂出版、一九七七年
同『増訂　古辞書の研究』雄松堂出版、二〇〇七年
小林賢次『狂言台本を主資料とする中世語彙語法の研究』勉誠出版、二〇〇〇年
小林芳規『平安鎌倉時代に於ける漢籍訓読の国語史的研究』東京大学出版会、一九六七年
高橋忠彦・高橋久子『日本の古辞書　序文・跋文を読む』大修館書店、二〇〇六年
築島裕他『岩波講座　日本語一〇　文体』岩波書店、一九七七年
土井忠生・長南実・森田武『邦訳　日葡辞書』岩波書店、一九九二年
中山緑朗『平安・鎌倉時代古記録の語彙』東苑社、一九九五年

西崎　亨『日本古辞書を学ぶ人のために』世界思想社、一九九五年
峰岸　明『変体漢文』（国語学叢書一一）東京堂出版、一九八六年
同『平安時代古記録の国語学的研究』東京大学出版会、一九八六年
三保忠夫『古文書の国語学的研究』吉川弘文館、二〇〇四年
室町時代語辞典編修委員会編『時代別国語大辞典　第一巻～第五巻』三省堂、一九八五～二〇〇〇年
吉田金彦・築島　裕・石塚晴通・月本雅幸編『訓点語辞典』東京堂出版、二〇〇一年
山田俊雄『日本のことばと古辞書』三省堂、二〇〇三年

B―2　個別論文（日本語学）

青木　孝「変体漢文の一用字法」『国語学』一七、一九五四年
加藤良徳「藤原定家による仮名文書記システムの改新」『国語学』五二（一）、二〇〇一年
辛島美絵「古文書にみる日本語史―特に仮名文書について」『國文學　解釈と教材の研究』五〇（五）、二〇〇五年
玉村禎郎「『善悪』の語史―中世前期の変体漢文における名詞用法」『京都光華女子大学研究

紀要』四〇、二〇〇二年
西田直敏「『文体としての自敬表現』の本質—豊臣秀吉文書の場合」金田一春彦博士古稀記念論文集編集委員会編『金田一春彦博士古稀記念論文集　第一巻』三省堂、一九八三年
沼本克明「変体漢文訓続に於ける字音語の性格」『信州大学人文学部　人文科学論集』七、一九七三年
原　栄一「変体漢文訓読上の一疑点」『語文研究』一八、一九六四年
同「変体漢文副詞断片—『日本往生極楽記』『大日本法華験記』について」『金沢大学教養部論集　人文科学篇』九、一九七二年
原　裕「院政期古記録における『令』について」築島裕博士傘寿記念会編『国語学論集』汲古書院、二〇〇五年
同「変体漢文の近称指示代名詞の用字について」『訓点語と訓点資料』九七、一九九六年
舩城俊太郎「変体漢文の『併』字」『国語学』八三、一九七〇年
同「『了（ヲハンヌ）』考—〈変体漢文〉研究史にまでおよぶ」『新潟大学人文学部　人文科学研究』一〇〇、一九九九年
同「変体漢文の奇妙な常用字」『日本語学』一八（一）、一九九九年

峰岸　明「記録語文の訓読方法について」『築島裕博士還暦記念　国語学論集』一九八六年
同「古記録と文体」古代学協会編『後期摂関時代史の研究』吉川弘文館、一九九〇年
同「『本朝文粋』の文章について—日本漢文文体判定の基準を求めて」『国語と国文学』六九（一一）、一九九二年
同「古記録の文章における表記とその言語」『国語と国文学』八〇（一）、二〇〇三年
矢田　勉「中・近世の文書文体に於ける漢文的要素の和化とその原理—特に『而』『与』両字用法の変遷に関して」『訓点語と訓点資料』一一四、二〇〇五年

（4）叙述と表記上の注意

以下、主として文の要素ごとに解説をくわえていくが、ここにおける分類は、必ずしも一般的な古典文法のそれにのっとっていない。それは「漢字」そのものが複数の品詞として使用できるという事情もあるが、それ以上に、いわゆる文法学を研究するのではなく、あくまで変体漢文の訓読を主眼として叙述をおこないたいと考えるからである。

提示した例文は架空のものが多いが、史料上で実際に用いられた例を挙げる場合は、逐一出

典を示した。『平安遺文』『鎌倉遺文』についてはそれぞれ『平遺』『鎌遺』と略記し、文書番号と文書名のみ掲げた。他の刊本についても同様である。

なお、以下の叙述において、単語・例文のあとに「＝」がある場合はその意味、「↓」がある場合はその訓読文をしめす。訓読にあたっては、歴史的仮名づかいを用いていない。

また、研究をすすめる上で訓読文を求められることはほとんどないのだが、学習の便宜のため、訓読文を書く際の注意点についても記述した部分がある。

I　主語・主部

（1）主　語

古文・現代文を問わず、主語はすべて体言（名詞・代名詞・活用語の連体形）である。原則として、述語の前に位置する。ただし、一つの文の中でも主語が変わる場合があるため、注意が必要である。訓読する場合、主語のあとに「者《は》」の字が使われない限り、格助詞「が」や係助詞「は」などを補う必要はない。

なお、体言には連体修飾がなされる場合も多いが、それについてはⅡ（2）（44頁）を参照。

例1　大夫判官殿、被着於上臈之座、
　→大夫判官殿、上臈の座に着せらる、
　＝大夫判官殿が、上臈（格上）の座にお着きになった。

例2　予、賞玩之了、
　→予、之を賞玩し了《おわ》んぬ、
　＝私は、これを賞玩した（鑑賞し、愛でた）。

(2) 主　部

体言の形の文節に接続して、それら全体で主部を形成させる語を挙げる。

①「者」→〜は

古文の係助詞「は」に同じ。体言の形の文節に接続し、文の主語・主部を形成する。これ以外に、接続助詞的に用いる場合もある。Ⅳ(2)①(168頁)参照。

例1　不用先例者、不審也、
　→先例を用いざるは、不審なり、
　＝先例を用いないというのは不審である。

例2　先参上者、弥四郎候、
　→先に(先ず)参上するは、弥四郎に候《そうろう》、
　＝先に参上したのは弥四郎である。

例3　此段者、格別之儀候、

↓この段は、格別の儀に候、

＝このことは、別な話である。

例4　公方者、不被存儀也、

↓公方は存ぜられざる儀なり、

＝公方は、ご存じない話である。

②「条」↓～のじょう

直前に文節と「之」をともない、文の主部を形成する。「之」があるため、その直前には体言がくる。「～であること」「～すること」という意味になる。これ以外に、接続助詞的に用いる場合もある。Ⅳ（2）⑦（174頁）参照。

例1　及異儀之条、甚不当也、

↓異儀に及ぶの条、甚だ不当なり、

＝約束と違う行為におよぶとは、極めて不当である。

例2　申虚言之条、言語道断之次第候、

↓　虚言を申すの条、言語道断の次第に候、
＝　偽りを言うとは、言語道断のことである。

例3　近代、無御下文、令押領之条、言語道断者也、
↓　近代、御下文なく押領せしむるの条、言語道断なるものなり、
＝　近年、御下文という証拠の文書もないのに、土地を横領するのは言語道断の行為である。

③「状」↓～のじょう

直前に文節と「之」をともない、文の主部を形成する。「之」があるため、その直前には体言がくる。「～であること」「～すること」「～のありさま」という意味になる。これ以外に、目的節を導く場合もある。Ⅲ（1）B⑤（105頁）参照。

例1　被仰出之状、如件、
↓　仰せ出《いだ》さるるの状、件《くだん》の如し、
＝　（上級権力者が）仰せ出されることは、以上の通りである。

例2　悲嘆之状、難尽筆舌候、

↓　悲嘆の状、筆舌に尽くし難く候、
＝　悲嘆のありさまは、筆舌に尽くしがたい。

例3　被免除之状、如件、
↓　免除せらるるの状、件の如し、
＝　免除することは、以上の通りである。

④「段」↓　～のだん

直前に文節と「之」をともない、文の主部を形成する。「之」があるため、その直前には体言がくる。「～のこと」「～すること」という意味になる。

例1　被定之段、
↓　定めらるるの段、
＝　定められたことは、

例2　彼等訴訟之段、
↓　彼等、訴訟の段、
＝　彼らが訴訟したことは（彼らの訴訟のことは）、

※同様な意味を示すものとして「篇」という語がある。

例　云主従相論之篇、云遺財進止之段、

↓　主従相論の篇と云い、遺財進止の段と云い、

＝　主人と従者が相論することも、遺産を処分することも、

⑤「趣」↓～のおもむき

直前に文節と「之」をともない、文の主部を形成する。「之」があるため、その直前には体言がくる。「～の内容」「～の事情」という意味になる。

例1　右、訴陳之趣、

↓　右、訴陳の趣、

＝　右、訴訟の内容は、

例2　書状之趣、誠以外也、

↓　書状の趣、誠に以ての外なり、

＝書状の内容は、本当にけしからぬものである。

例3　此返事之趣、叶御意之由、有仰、

↓この返事の趣、御意に叶うの由、仰せあり、

＝この返事の内容は意に叶っている、との主人の仰せがあった。

（3）動詞の体言化

きわめて限定された範囲だが、動詞を体言化し、主語として用いるための特殊な接尾語がある。相当する漢字は存在しないが、動詞の直後に補って、慣用的に「～らくは」と訓読している。「～するのは」「～することは」という意味になる。概して、上級権力者への訴えかけなどに際して用いられる傾向が強い。

もとは、「る」の語尾をもつ活用語の連体形に、古代の形式名詞「あく」が付いて変化したものとされている。「見らく」「告ぐらく」「すらく」「死ぬらく」などの形が知られる。のちには他の動詞の連体形にも付くようになった。

例1　恐地変、
↓恐るらくは地変、
＝私が恐れるのは、地変である。

例2　若主非賢聖、則恐唯乱起数年之後、
↓もし主、賢聖にあらずば、則ち恐るらくはただ乱、数年の後に起こらん、
＝もし国王が賢明・誠実でないとすれば、私が恐れますのは、反乱が数年の後に起こるだろうということです。

例3　望請　天恩、（一字分の空白は闕字《けつじ》という。敬意の表現）
↓望み請うらくは天恩、
＝私が望みますのは、天皇の恩沢です。

例4　望請　天裁、
↓望み請うらくは天裁、
＝私が望みますのは、天皇の御裁許です。

例5　請願憐憫、
↓請い願うらくは憐憫、

＝私が願いますのは、あなたの憐憫です。

例6　乞願、為功徳成就之妙体、留仏法擁護之効験而已、

↓乞い願うらくは、功徳成就の妙体をなし、仏法擁護の効験を留むるのみ、

＝私が願うのは、功徳が成就し、仏法が公的に保護されることだけです。

※「請い願う」「乞い願う」と同様な読みをする漢語に「庶幾」がある。

例7　庶幾、施玄渙於九域、

↓庶幾《こいねが》うらくは、玄渙を九域に施し、

＝私が願いますに、国王の徳を全域に施し、

例8　彼男為体、

↓彼の男の体《てい》たらく、

＝その男の人相風体というのは、

例9　当国之為体、亡弊難治之間、依造社事、被下免除　宣旨候了、

↓当国の体たらく、亡弊難治の間、造社の事に依り、免除の宣旨を下され候《そうら》

い了んぬ、

＝当国の状況というのは、人民が疲弊しているので、神社を造営するための租税の徴収は免除するとの宣旨（文書）が下された。

※類似の用法に、「申さく」「云わく」「願わく（は）」などの形があるが、これは動詞の未然形に体言化をうながす接尾語「く」が付いたもの。直後に発言などの引用文を導く。

【演習問題 一】 主語・主部

◆設問　次に挙げる変体漢文の訓読文を記し、また現代語訳しなさい。

① 可申之条

② 不出頭之条

③ 可令披露之状

④ 不可致乱妨之条

⑤ 無沙汰之段

⑥ 被仰出之趣

⑦　致沙汰之篇

⑧　申訴訟之段者

⑨　此状之趣者

⑩　可全知行之状

II 述語・述部

（1）動　詞

A　基本的な注意

当然ながら、動詞も古文の活用に従わなければならない。間違えやすいのが、上二段・下二段活用が現代語に移行した形の動詞の活用である。例えば、現代語の「起きる」「燃える」を考えてみよう。現代語において、前者は上一段活用、後者は下一段活用である。では、次のような文は、どのように訓読できるだろうか。

例1　申刻、可起云々、
↓　申《さる》の刻、起くべしと云々（「うんぬん」または「しかじか」）、
＝　申の刻に起きろとのことだ。

例2　彼家、可燃之気色也、
↓　彼の家、燃ゆべきの気色なり、

＝　その家は、燃えそうな気配である。

決して「起きるべし」「燃えるべき」とは訓読していない。それは、「起きる」「燃える」という現代語の終止形が、古語では「起く（上二段）」「燃ゆ（下二段）」となっているからである。四段・上一段活用などの動詞の終止形は、現代語でもほぼ同じ形をとるため迷うことはないが、上二段・下二段活用は現代語において上一段・下一段活用の形をとるため、訓読に迷うことが多い。こうした迷いを防ぐため、さしあたり次のような判別法をとってみよう。

子音　＋　ｉｒｕ　という形をとる現代の動詞　→　子音　＋　ｕ　に直す

子音　＋　ｅｒｕ　という形をとる現代の動詞　→　子音　＋　ｕ　に直す

前記の例で言えば、「起きる」は「起く」、「燃える」は「燃ゆ」となる。これはそもそも、現代語の上一段・下一段活用の終止形が、古語の上二段・下二段活用の連体形から転化したものだからである。つまり、「起くる」→「起きる」、「燃ゆる」→「燃える」という変化を経ている。ただし、古語の上一段・下一段活用には、この判別法を使う必要はない。前者は現代語と同じであり、下一段については「蹴る」一語しか存在せず、「け・け・ける・ける・けれ・けよ」という活用を覚えておくしかないからである。

B　古文書・古記録に独特の動詞

ここでは、古文書・古記録において多用される動詞を掲げる。

為（なす）＝　～する、～をする、～とする

例　去頃、貞成親王〈号伏見宮〉、為院御猶子、（『薩戒記』応永三十二年六月二十八日条）

↓　去んぬる頃、貞成親王〈伏見宮と号す〉を院の御猶子と為す、

＝　先頃、貞成親王〈伏見宮と称す〉を、上皇の御養子とした。

※〈　〉は割書き、すなわち一行の中に二行分が書かれていることを示す。

擬（ぎす）＝　～しようとする

例　今日、和漢面八句独吟、擬聖廟法楽、（『実隆公記』文明九年閏正月廿五日条）

↓　今日、和漢の面八句を独吟し、聖廟の法楽に擬す、

＝今日、和漢（和歌と漢詩）八句を吟詠し、北野神社への供養とした。

沙汰（さたす）＝～をする（代動詞）

例1　此神位事、可被申沙汰之由、自伝奏被仰付之間、先例被尋云々、

（『康富記』文安五年八月八日条）

↓此の神位の事、申し沙汰せらるべきの由、伝奏より仰せ付けらるるの間、先例を尋ねらると云々、

＝この神の位階について、手続きをせよとのことを伝奏から仰せつけられたので、先例を調べてみたということだ。

例2　因幡国服部庄領家職事、任去九日御施行之旨、可沙汰付楞厳寺雑掌之状、如件、

（楞厳寺所蔵文書、山名氏家遵行状）

↓因幡国服部庄領家職の事、去んぬる九日の御施行の旨に任せ、楞厳寺雑掌に沙汰し付くべきの状、件の如し、

＝因幡国服部郷の領家職について、去る九日の施行（土地の返還命令）に則って楞厳寺の雑掌（庶務方）に返還するべきことは、以上の通りである。

申（もうす）＝　～を言う、～と言う（謙譲語）

例　後日、内々申事由、殊有誡沙汰、

→後日、内々に事の由を申す。殊に誡《いまし》め沙汰あり、

＝後日、内密に事情を申し上げ、特に処罰があった。

（『葉黄記』寛元四年七月三日条）

候（そうろう・こうず）＝　その場にいる、供をする、仕える（謙譲語）

例　仍相伴参入、候中門廊、

→よって相伴して参入し、中門の廊に候ず、

＝そこでお供をして入り、中門の廊にひかえた。

（『薩戒記』応永三十二年二月十六日条）

仕（つかまつる）＝　～をし申し上げる、してさしあげる（謙譲語）

例　御書両通拝見仕候、畏入候、

→御書両通拝見仕り候、畏《かしこ》み入り候、

＝そちらからの書状は二通、拝見申し上げました。恐れ入ります。

（『建内記』永享十一年二月紙背）

宣（せんす）＝言う、伝える（尊敬語）

例　左大臣宣、奉勅、依請、者

→左大臣宣す、勅を奉《うけたまわ》るに「請《こい》に依れ」てへり、

＝左大臣が伝える。天皇のお言葉は「申請通りにせよ」とのことだ。

仰（おおす）＝言う（尊敬語）

例　被仰可令勘日時之由、

（『長秋記』保延二年二月九日条）

→日時を勘ぜしむべきの由を仰せらる、

＝行事の日時の吉凶を占うように、との仰せがあった。

被（こうむる）＝受ける（謙譲語）

例　早被恩叙者、致宝算長久・国家安全之御祈祷矣、

（『通誠公記』貞享三年正月八日条）

→早く恩叙を被らば、宝算長久・国家安全の御祈祷を致さん、

＝早く御高配をいただければ、長寿と国家安全のための祈祷をいたします。

奉（たてまつる・うけたまわる）＝**受け取る、承る**（謙譲語）

例　宮主事、可被召仰之由、謹奉了、

（『鎌遺』五一五九〇号、宮主秘事口伝）

↓宮主の事、召し仰せらるべきの由、謹みて奉《うけたまわ》り了んぬ、

＝宮主の職は召し上げるとのことを、謹んで了承した。

領状（りょうじょうす）＝**承知する**

例　上皇、明後日可有還御冷泉殿、可申沙汰候、被仰下之間申領状了、

（『洞院部類記』御脱屣記・高輔朝臣記）

↓上皇、明後日、冷泉殿に還御あるべし、申し沙汰すべく候、仰せ下さるるの間、領状申し了んぬ、

＝上皇は明後日、冷泉殿にお帰りになる。手続きをせよと命じられたので、承諾の返事を申し上げた。

云（いわく）＝**〜に言うには、〜して言うには**

例　此間、左大臣、以奉行隆蔭申云、自身并春宮大夫、不可立行香、

（『花園天皇宸記』元応二年九月別記一日条）

→この間、左大臣、奉行隆蔭を以て申していわく、自身ならびに春宮大夫は行香に立つべからず、

＝この時、左大臣が奉行の隆蔭を通じて言うには、自分と春宮大夫は行香の儀式には立たない、とのことであった。

偁（いわく）＝〜に言うには、〜して言うには

例　得彼社今月廿六日奏状偁、謹検案内、当廟者、為人皇七十五代之国王天下擁護之霊廟也、

（『後慈眼院殿御記』明応三年九月九日条所収、左弁官下文）

→彼の社、今月廿六日の奏状を得るに偁く、謹んで案内を検ずるに、当廟は人皇七十五代の国王天下擁護の霊廟たるなり、

＝その神社の今月二十六日の奏状（天皇への上申書）に言うには、「謹んで由来を考えますに、この神社は七十五代の天皇が天下を守護するために建てた霊廟です」。

請・乞（こう）＝**請う、願う**

例　乞也、職家早依式条、殊賜職判、将備公験、今勒状、以牒、

（『平遺』一九七三号、右京大夫〈源雅兼〉宅牒案）

↓乞う、職家、早く式条に依り、殊に職判を賜わり、まさに公験に備うべし、今状を勒し、以て牒す、

＝以下のことを乞う。役所から法に則って裁許をして頂き、証拠文書を復活させて後に備えることを。今、事情を書き上げて申請する。

進（まいらす）＝**進上する、献上する**（謙譲語）

例　被進御牽出物馬二疋、

（『中右記』元永二年四月十九日条）

↓御牽出物の馬二疋を進《まい》らせらる、

＝引き出物の馬二匹を進上された。

遣（つかわす）＝**遣わす、送る**

例　緇素不参集、無人寂寞也、仍遣使者、所催促也、

（『勘仲記』弘安五年十月三日条）

↓　緇素参集せず、無人寂寞なり、よって使者を遣わし催促する所なり、
＝　僧侶も俗人も集まらず、人がいなくて殺風景なので、使者を遣わして人々に参加するよう催促した。

付（つく・ふす）＝　文書などを与える、配る、届ける

例　次第日次事、付侍従内侍奏聞之処、（『民経記』寛喜三年九月廿四日条）
↓　次第・日次《ひなみ》の事、侍従内侍に付《ふ》し、奏聞（する）のところ、
＝　行事の日程について、侍従内侍に文書を渡して天皇に申し上げたところ、

具（ぐす）＝　連れる

例　相具女子二人、参詣祇園、（『中右記』元永二年二月二十七日条）
↓　女子二人を相具し、祇園に参詣す、
＝　女子二人を連れて、祇園社に参詣した。

勒・録（ろくす）＝**文字に書く、文字に記す**

例　早任官符、被免除、将充寺用、今勒状、謹牒、（『平遺』四四九号、栄山寺牒）

→早く官符に任せ、免除を被《こうむ》り、まさに寺用に充《あ》つべし、今、状を勒し、謹んで牒す、

＝早く太政官符（文書）に則って租税を免除し、寺の収益とすべきである。今、事情を書き上げ、謹んで申請する。

解（げす）＝**上申する**

例　仍勒事状、謹解、社司廿人加署判、（『壬生家文書』一五七一号、明法博士連署勘文案）

→よって事の状を勒し、謹んで解す、社司廿人署判を加う、

＝そこで事情を書き上げ、謹んで上申する。神社の役人二十人が署名と花押を書き加える。

補（ぶす）＝**任命する**

例　雖令挙申候、除書之次、不被補候、

（『鎌遺』一五四六五号、兼仲卿記弘安九年春巻裏文書式部大輔茂範挙状）

↓　挙げ申さしめ候と雖も、除書の次《ついで》、補《ぶ》せられず候、

＝　推薦されたのだが、除目（任官）の際には任命されなかった。

綺（いろう）＝妨げをする

例　可令停止地頭綺之状如件、依　宣行之、

（『吾妻鏡』文治二年十一月廿四日条所収、太政官符）

↓　地頭の綺《いろい》を停止せしむべきの状、件の如し、宣によりこれを行なえ、

＝　地頭の妨げを停止すべきことは、以上の通り。命令に則ってこれを施行せよ。

抽（ぬきんづ）＝他より秀でる

例　依抽合戦之忠懃、

（『鎌遺』三三〇四八号、大塔宮護良親王令旨）

↓　合戦の忠懃《ちゅうきん》を抽《ぬきん》づるにより、

＝　合戦において忠勤を尽くしたので、

閣・擱（さしおく）＝ひとまず措く、さしおく、だしぬく

例　大乗院房官清俊法眼来〈号浄南院也〉、興福寺別当事、閣権別当実意法印、隆秀法印令直補、

（『建内記』嘉吉元年八月十六日条）

↓大乗院房官清俊法眼来たる〈浄南院と号するなり〉、興福寺別当の事、権別当実意法印を閣《さしお》き、隆秀法印を直補《じきぶ》せしむ、

＝大乗院の坊官である清俊法眼がやって来た（彼は浄南院と称している）。興福寺別当（長官）については、権別当実意法印をさしおいて、隆秀法印がいきなり任命されたという。

執達（しったつす）＝下達する

例　綸旨如此、可被存知者、天気如此、仍執達如件、

（『相州古文書』一二一九号、後醍醐天皇綸旨）

↓綸旨かくの如し、存知せらるべし、者《てへり》、天気かくの如し、よって執達、件の如し、

＝綸旨（天皇の命令）は以上の通りであるから、よく承知せよ、とのことだ。

天皇のお考えは以上の通り、よって以上のように下達する。

C 接頭語

動詞の直前について、強調や婉曲などの意味を添えるものを掲げる。

①「**相**（あい～）」…「相渡《あいわたす》」、「相従《あいしたがう》」などの形で婉曲を示す。

例　供奉諸司相従、　（『中右記』永久二年十一月十四日条）

↓　供奉《ぐぶ》の諸司、相従う、

＝　奉仕する役所の人々が付き従った。

②「**罷**（まかり～）」…「罷帰《まかりかえる》」、「罷上《まかりのぼる》」などの形で軽い謙譲を示す。

例　夕方、又自高倉有招引之間、罷上了、　（『康富記』応永二十七年十二月二日条）

↓　夕方、又高倉より招引あるの間、罷り上り了んぬ、

＝　夕方、また高倉から招きがあったので参上した。

③「申（もうし〜）」…「申行《もうしおこなう》」「申定《もうしさだむ》」などの形で謙譲・婉曲を示す。

例　先可申定日次、
（『民経記』寛喜三年七月二十三日条）

→先ず、日次《ひなみ》を申し定むべし、

＝まず、日取りを決定せよ。

④「打（うち〜）」…「打渡《うちわたす》」「打払《うちはらう》」などの形で強調を示す。

例　為消其火、度々打払之、
（『鎌遺』五七一八号、仁治三年内宮仮殿記）

→其の火を消さんが為《ため》、度々これを打ち払う、

＝その火を消すために、たびたびうち払った。

（2）形容詞・形容動詞

ここでは、主として「〜なり」「〜たり」の形で使用される用語を挙げる。形容詞の連用形が慣用的に副詞として用いられる場合は、Ⅲ（2）（106頁）を参照。

等閑（とうかん）＝**なおざり、おろそか**

例　努々不可有等閑之儀、仍条々以私愚案注之、

（『沙汰未練書』）

→努々《ゆめゆめ》等閑の儀あるべからず、よって条々、私の愚案を以てこれを注す、

＝決しておろそかにすることがあってはならない。よって、私案によって以上を記した。

聊爾（りょうじ）＝**いい加減、けしからぬ**

例　右衛門尉、下人可被討殺事者、以外聊爾、不可然候、

（『改訂新編相州古文書』長尾忠景書状）

→右衛門尉、下人を討ち殺さるべきことは、以ての外の聊爾、しかるべからず候、

＝右衛門尉が下人（従者）を討ち殺されるようなことは、以てのほかのけしからぬことであり、あってはならないことである。

如在（じょざい）＝**いい加減、無礼な、仮の**

例　主上、早以入御、然而奏聞之時、猶用如在之儀、是例也云々、

→主上、早く以て入御す、然れども奏聞の時、なお如在の儀を用いる、これ例なりと云々、

（『薩戒記』応永廿七年正月五日条）

＝天皇が早くにお入りになられた。しかし、奏聞の時には、仮の形式をとった。これが先例であるということだ。

無為（むい・ぶい）＝**無事**

例　以覚心子息儀、無為之条、不可有苦者、神妙事候歟、

（『鎌遺』二五八号、後伏見上皇書状）

→覚心の子息の儀を以て、無為の条、苦有るべからざるは、神妙の事に候か、

＝覚心の子息のことが無事に済んで、大過なかったのは殊勝なことであった。

比興（ひきょう）＝**面白い。つまらない、どうしようもない**（両義に用いる）

例　寄進以後、相伝已両三代、領掌及数年畢、争可謂俄哉、比興之申状也、

（『鎌遺』二三七一七号、俊覚陳状案）

→寄進以後、相伝すでに両三代、領掌数年に及び畢《おわ》んぬ、いかでか伐と謂《い》うべけんや、比興の申状なり、

→寄進してから、相続は二三代を経ており、自身の所有は数年におよんでいる。どうして突然の所有と言うことができようか。（訴訟相手が提出した）申状は、どうしようもないものである。

左道（さどう）＝つまらない、ひどい

例　事様左道、予不覚失笑、只可愍可傷、（『後光厳院宸記』応安三年十一月三日条）

→事の様、左道、予覚えずして失笑、ただ愍《あわ》れむべし傷《いた》むべし、

＝事の様はひどく、私は失笑を禁じ得なかった。ただ、相手を哀れむだけのことである。

肝要（かんよう）＝大事、要

例　訴論肝要、実在此篇、尤可被究淵底也、（『鎌遺』二八三六九号、某陳状）

→訴論の肝要、実にこの篇に在り、尤《もっと》も淵底を究めらるべきなり、

＝訴訟の大事な部分は、ここにある。だから、この点については、最も追究を行なうべきである。

分明（ぶんめい）＝**明らか**

例　雑訴事、不被閣之由、先例分明也、　（『園太暦』貞和二年四月二十七日条）

→雑訴の事、閣《さしお》かれざるの由、先例分明なり、

＝雑訴の事を差し置かないのは、先例に照らしても明らかである。

明鏡（めいきょう）＝**明らか、確か**

例　延久以前往昔之時、重経領掌証文等明鏡也、　（『鎌遺』一九六号、勧学院政所下文）

→延久以前往昔の時、重経領掌の証文等、明鏡なり、

＝延久以前の昔に、重経が土地を所有している旨の証文は確かである。

掲焉（けいえん）＝**明らか**

例　女院御悩、令得尋常給也、法勝寺円堂〈丈六愛染明王者〉霊験、誠以掲焉也、

→女院の御悩、尋常を得しめ給う也、法勝寺円堂〈丈六の愛染明王、てへり〉の霊験、誠に以て掲焉なり、

（『中右記』嘉保二年五月二十七日条）

＝女院の病悩は平癒した。法勝寺円堂〈本尊は丈六の愛染明王である〉の霊験は、明らかなものである。

炳焉（へいえん）＝**明らか**

例　凡以質券、不可領田地之趣、格制炳焉也、

（『平戸記』寛元二年十一月二十九日条）

→凡《およ》そ質券を以て田地を領すべからざるの趣、格制炳焉なり、

＝およそ質券（土地を担保とした借用証）によって土地を正式に所有できないということは法律にも明らかである。

実正（じっしょう）＝**間違いない、確か**

例　又被実検彼穢所、如実正并検知者、不可為穢由、沙汰切了、

（『兵範記』仁平二年四月三十日条）

↓　又彼の穢所を実検せられ、実正并《なら》びに検知の如くば、穢たるべからざるの由、沙汰切り了んぬ、

＝　またその穢れたと言われる場所を調査し、事実と調査結果によると、穢れではないと判断され、審議は完了した。

有限（うげん）＝ 定められている、決まった

例　於有限之所当者、可令弁加々美小次郎之状、（「『鎌遺』三八号、源頼朝下文案」）

↓　有限の所当においては、加々美小次郎に弁ぜしむべきの状、

＝　決められた収益については、加々美小次郎に納めよとのこと、

有謂（いわれあり）＝ 道理がある、もっともである

例　尤可然、博覧之人也、如此事、太有謂者哉、（『建内記』嘉吉元年二月七日条）

↓　尤も然るべし、博覧の人なり、かくの如き事、太《はなは》だ謂われあるものか、

＝　もっとも適切である。（その人は）博学である。このようなことは、非常に道理の通ったことであろう。

参差（しんし）＝**異なる、食い違った**

例　宗平朝臣者、依有例、猶可撤之由存之、頗参差、今顕方朝臣、不可撤之由令存歟、（『岡屋関白記』建長三年七月八日条）

↓　宗平朝臣は、例有るに依り、なお撤すべきの由これを存ず、頗《すこぶ》る参差、いま顕方朝臣、撤すべからざるの由、存ぜしむるか、

＝　宗平朝臣は「先例があるので、撤収すべき」と言い、まわりと意見が違っている。いま、顕方朝臣は撤収すべきでないと思っているのだろうか。

以外（以てのほか）＝**とんでもない、大変な**

例　酉斜又夕立、雷鳴甚、以外洪水也、（『師守記』康永三年六月二十二日条）

↓　酉の斜め、又夕立、雷鳴甚だし、以ての外の洪水なり、

＝　酉の刻の終わり頃、また夕立が降り、雷鳴がひどかった。大変な洪水である。

慮外（りょがい）＝**思ってもみない**

例　其後、仏事并高野参詣等、計会之間、愚報于今遅々、慮外次第候、

↓其の後、仏事并びに高野参詣等、計会の間、愚報今に遅々、慮外の次第に候、
＝その後、仏事や高野参詣などで忙しく、こちらの返事が遅くなりました。これは思ってもみなかったことです（本意ではありません）。

（『金沢文庫古文書』顕瑜書状写）

無謂（いわれなし）＝謂われがない、根拠がない

例　猥抑留年貢収納之条、無謂之由申之、

（『鎌遺』三三二六号）

↓猥《みだ》りに年貢収納を抑留するの条、謂われ無きの由、これを申す、
＝みだりに年貢を抑留することは謂われがない、と言っている。

無道（むどう）＝非道な

例　沙汰人猥不能陳答候也、無道已令露顕候哉、

（『経俊卿記』正元元年四月紙背文書）

↓沙汰人、猥りに陳答能《あた》わず候なり、無道すでに露見せしめ候や、
＝沙汰人（担当者）が訴えに弁明できないということは、その非道な行為がすでに露見したということであろうか。

過法（かほう）＝**尋常でない、違法な**

例　炎旱過法之間、祈雨事、被仰出候、

（『金沢文庫古文書』俊海書状）

↓炎旱過法の間、祈雨の事、仰せ出だされ候、

＝日照りが尋常でなく続くので、雨乞いの祈祷を命じられた。

無云甲斐（いいがいなし、いうがいなし）＝**言いようがない、仕方がない**

例　去廿一日、他女官夢想、此御在所不浄思食云々、其後不経幾程、火事出来、即不申上由雖被勘発、女官已無云甲斐事也、

（『兵範記』仁安二年九月二十九日条）

↓去る廿一日、他の女官の夢想に、此の御在所不浄と思し食《おぼめ》すと云々、其の後、幾程も経ず火事出来《しゅったい》す、即ち申し上げざる由、勘発《かんぼつ》せらると雖も、女官すでに云う甲斐無き事なり、

＝去る二十一日、他の女官の夢に「（神は）この御所を不浄と思っている」とのお告げがあった。その後、いくほどもなく御所が火事となった。女官が夢の内容を申し上げなかったことについて、天皇のお怒りがあったが、女官にとってはもはや仕方がないことである。

無心元・無心許（こころもとなし）＝**不安である、おぼつかない**

例　但文章事、不載守護違乱之由、無心元事也、然而奉行有存旨歟、

（『建内記』嘉吉元年十一月八日条）

↓但し、文章の事、守護違乱の由を載せず、心元なき事なり、然れども、奉行存ずる旨有るか、

＝ただし、文章については守護が違反している旨を記載しておらず、心もとないことである。しかし、奉行は考えるところがあるのだろうか。

有若亡（うじゃくぼう）＝**こちらの意向を無視した、傍若無人な**

例　今日儀事々失例、官有若亡之故也、

（『花園天皇宸記』文保元年六月二日条）

↓今日の儀、事々例を失う、官、有若亡の故なり、

＝今日の儀式はすべて先例に違っている。担当者が不適だからである。

侘傺（たくさい・たてい）＝**困窮、悩み**

例　何忽可及御家人之侘傺哉、

（『鎌遺』四六五八号、関東御教書案）

→何ぞ忽《たちま》ち御家人の侘傺に及ぶべけんや、
＝どうしてすぐに御家人の困窮になることがあろうか。

（3）助動詞

ここでは、古文書・古記録において多用される助動詞を挙げる。

①「不」→ず

仮名書き古文の助動詞「ず」に相当する。活用も同じ（形容動詞型）。その直後に必ず活用語（動詞・助動詞・形容詞など）がくる。活用語は未然形となって接続する。意味は単純な否定であり、「〜ない」と訳す。

例1　不書之、
→之を書かず、
＝これを書かない。

例2　不存知者也、
　　　→　存知せざる者なり、
　　　＝　存知しないところである。
例3　不可有之、
　　　→　之《これ》あるべからず、
　　　＝　そうであってはいけない。
例4　不令上洛、
　　　→　上洛せしめず、
　　　＝　上洛しない（上洛させない）。
例5　不高、
　　　→　高からず、
　　　＝　高くない。
例6　不美麗、
　　　→　美麗ならず、
　　　＝　美麗でない。

②「可」→ べし

古文の助動詞「べし」に相当する。活用も同じ（形容詞型）。直後に必ず活用語がくる。活用語がラ行変格活用の場合は連体形、その他は終止形に接続する。意味は意志・当然・命令などで、「〜するつもりだ」「〜するのが当然だ」「〜するのがよい」「〜せよ」と訳す。

例1　可置於其所也、
　→ 其の所に置くべきなり、
　＝ その所に置くべきだ。

例2　尤可有其恐候、
　→ 尤も其の恐れあるべく候、
　＝ 極めてその恐れがある。

例3　可為肝要候也、
　→ 肝要たるべく候なり、
　＝ 大事でしょう。

例4　依吉日、有可下宣旨之気色、

→吉日により、宣旨を下すべきの気色あり、
＝吉日なので宣旨（文書）を下すようにとの天皇の命令があった。

※「可〜可〜」の形で感動詞的に用いられることがある。

例1　可貴可仰、
→貴ぶべし、仰ぐべし、
＝尊《たっと》ぶべきであり、仰《あお》ぐべきである。

例2　可悲可嘆、
→悲しむべし、嘆くべし、
＝悲しむべきであり、嘆くべきである。

③「被」→る・らる

古文の助動詞「る」「らる」に相当する。活用も同じ（下二段型）。直後に必ず活用語がくる。活用語が四段活用およびラ行変格活用の場合は「る」、その他は「らる」と訓読する。いずれ

の場合も、未然形に接続する。意味は受身・尊敬・婉曲で、「〜される」「〜なさる」「〜する（使用しても、しなくても同じ意味）」と訳す。

例1　被存知、

↓　存知せらる、

＝　ご存知になる。

例2　所被宛給也、

↓　宛て給わるる所なり、

＝（土地などを）お与えになるものである。

例3　被下一行之返事、

↓　一行の返事を下さる、

＝　一行の（ちょっとした）ご返事を下さる。

例4　被下宣旨云々、

↓　宣旨を下さると云々、

＝　宣旨（文書）を下されたとのことである。

④「令」→しむ

古文の助動詞「しむ」に相当する。活用も同じ（下二段型）。直後に必ず活用語の未然形がくる。意味は使役・婉曲で、「〜させる」「〜する（使用しても、しなくても同じ意味）」と訳す。

例1　令運者也、
→運ばしむる者なり、
＝運ばせるものである。

例2　令仰、
→仰《おお》せしむ、
＝おっしゃる。

例3　令執行之、
→之を執行せしむ、
＝これを執行させる。

例4　令然、
→然らしむ、
＝そのようにさせる。

例5　令無濫吹、

↓　濫吹無からしむ、

＝　乱暴（違反）がないようにさせる。

※「可」と「被」、および「可」と「令」は組み合わせて使用される場合が多い。

可被〜　の形では、「〜るべし」「〜らるべし」と訓読する。

可令〜　の形では、「〜しむべし」と訓読する。

例1　可被存之候、

↓　之を存ぜらるべく候、

＝　これをお知りになってください。

例2　早可被蟄居也、

↓　早く蟄居せらるべきなり、

＝　早く蟄居（隠居）なさるべきです。

例3　然者可令宛行、

↓　然れば宛て行わしむべし、
＝　ならば、（土地などを）与えよう。

例4　可令為安穏也、
↓　安穏たらしむべきなり、
＝　安穏（平和）にさせるべきである。

例5　可令洩申給、
↓　洩れ申さしめ給うべし、
＝　（ご主人に）この内容を申し上げてください。

例6　可令披露給候、
↓　披露せしめ給うべく候、
＝　（ご主人に）この内容を申し上げてください。

※さらに「不」と併用することも多い。

例1　不可被緩怠、

↓　緩怠せらるべからず、
＝　怠慢（違反）をなさってはいけない。
例2　不可令為上座、
↓　上座たらしむべからず、
＝　上の座席（職務）に付かせてはいけない。

⑤「為」↓たり

古文の助動詞「たり」に相当する。活用も同じ（ラ変型）。直後に体言がくる。意味は断定で、「〜である」と訳す。

例1　為閑寂、
↓　閑寂たり、
＝　閑寂である。
例2　可為上卿也、
↓　上卿たるべきなり、
＝　上卿となるべきである（上卿の仕事とすべきである）。

例3　不可為此日、

↓　此の日たるべからず、

＝　この日であってはいけない。

例4　予、為軽服、

↓　予、軽服《ぎょうぶく》たり、

＝　私は、（穢に触れて）日数の少ない方の謹慎となった。

⑥「**也**」↓　**なり**

古文の助動詞「なり」に相当する。活用はなく、訓みは「なり」のみ。体言に接続し、ほとんどが文末に置かれる。意味は断定で、「～である」と訳す。

例1　上意也、

↓　上意なり、

＝　上意である。

例2　為此意也、

↓　此の意たるなり、

＝　この意味である。

例3　所被仰也、

↓　仰せらるる所なり、

＝　おっしゃるところである。

例4　尤陵夷之基也、

↓　尤も陵夷の基《もとい》なり、

＝　まことに荒廃のもととなるものである。

⑦「如」↓ごとし

古文の助動詞「ごとし」に相当する。活用も同じ（形容詞型）だが、ほとんど終止形「ごとし」または未然形・連用形「ごとく」のかたちでしか用いられない。格助詞「の」または「が」をともない、体言に接続する。意味は比喩・確認で「〜のようだ」「〜の通りだ」と訳す。特に古文書の末尾には「如件」というかたちで多用される。

例1　綸言如汗、

↓　綸言、汗の如し、

＝最高権力者の言葉は汗のようなものである（引っ込めることができない）。

例2　仍執達如件、

↓仍《よ》って執達、件《くだん》の如し、

＝よって、下達することは以上の通りである。

例3　有而如無、

↓有りて無きが如し、

＝あって無いようなものである。

例4　如彼申状者、

↓彼の申状の如くば、

＝その申状によると、

例5　自今年如本、

↓今年より本の如し、

＝今年から、もとの通りである。

⑧「欲」↓ほっす

直後に動詞をともない、「〜んと欲す」と訓読する。「ん（む）」は意志の助動詞である。サ行変格活用だが、ほとんどが終止形で用いられる。意味は意志・希望で「〜しようとする」と訳す。

例1　欲支配、　↓　支配せんと欲す、　＝　分配しようとする。

例2　欲押領、　↓　押領せんと欲す、　＝　横領しようとする。

例3　欲到、　↓　到らんと欲す、　＝　到ろうとする。

例4　欲用古弊之儀、　↓　古弊の儀を用いんと欲す、　＝　旧習を用いようとする。

⑨「擬」→ぎす

直後に動詞をともない、「～んと擬す」と訓読する。「ん（む）」は意志の助動詞である。サ行変格活用だが、ほとんどが終止形で用いられる。意味は意志・希望で「～しようとする」と訳す。ただし、⑧「欲」よりは悪意のある意志・希望が想定されていることが多い。

例1　擬押領、　→押領せんと擬す、　＝横領しようと企む。

例2　擬上座、　→上座せんと擬す、　＝人の上に立とうとする。

例3　擬為阿党、　→阿党を為さんと擬す、　＝悪い一党を組もうとする。

例4　不擬飲之、

↓ これを飲まんと擬せず、

＝ これを飲もうとしない。

⑩「度」↓ たし

古文の助動詞「たし」に相当する。活用も同じ（形容詞型）。直前に動詞の連用形がくる。

意味は希望で「〜したい」と訳す。

例1 見度之由、申之、

↓ 見たきの由、之を申す、

＝ 見たいということを申す。

例2 読度候、

↓ 読みたく候、

＝ 読みたいです。

例3 申上度事、

↓ 申し上げたき事、

＝ 申し上げたいこと、

⑪「莫」・「勿」→なかれ

形容詞「なし」の命令形だが、助動詞のように使用する。活用も同じ（形容詞型）だが、ほとんど命令形のみ、または前掲④「令《しむ》」をともなって「なからしむ」という形でしか用いない。直後に動詞の連体形、または動作を示す体言がくる。意味は禁止で「～するな」「～してはいけない」と訳す。

例1　莫緩怠、→緩怠する莫かれ、＝怠慢をしてはいけない。

例2　世間莫言、→世間言う莫かれ、＝世間がどうこう言ってはならない。

例3　勿致闕怠、→闕怠を致す勿かれ、＝怠慢をしてはいけない。

例4　勿延引、

↓延引する勿かれ、
＝延期してはいけない。
例5　為令莫違犯、
↓違犯莫からしめんがため（違犯する莫からしめんがため）、
＝違反することがないように
例6　勿言々々、
↓言う勿かれ、言う勿かれ、
＝言っても仕方がない。

（4）補助動詞・終助詞

①「候」↓そうろう

活用語の連用形に接続する補助動詞。古文の「さぶらふ」「さふらふ」「そうろう」に相当する。活用も同じ（四段型）。意味は丁寧で、「〜です」「〜ます」と訳す。一般に訓読文では仮名書きにせず、そのままのかたちで残す。

例1　書上候、

↓　書き上げ候、

＝　書き上げます。

例2　可有御座候、

↓　御座あるべく候、

＝　そうである（そこにいらっしゃる）べきです。

例3　書改候了、

↓　書き改め候い了んぬ、

＝　書き改めました。

②「了」「畢」「訖」→　おわんぬ

活用語の連用形に接続する補助動詞。動詞「おわる」と完了の助動詞「ぬ」の結合「おわりぬ」の撥音便。活用はないが、「ぬ」をともなわない「おわり」という連用形をとることで、あとの文につながる場合がある。意味は過去・完了で、「〜した」と訳す。

例1　校合了、
↓校合し了んぬ、
＝校正した。

例2　進発候畢、
↓進発し候い畢んぬ、
＝出発しました。

例3　被参内畢、
↓参内せられ畢んぬ、
＝参内された。

例4　食訖、被御覧亭内、
↓食し訖り、亭内を御覧ぜらる、
＝食べおわってから、家の中をご覧になる。

例5　見了返給、
↓見了りて返し給う、
＝見おわってから、お返しになった。

※動詞の直後に「既了（畢・訖）」「已了」という語が来る場合がある。これは「～し、既《すで》に了んぬ」と訓読する。意味は「～することが既に完了した」となる。

例1　勒状、既了、
　　↓状を勒し、既に了んぬ、
　　＝すでに書き上げた。

例2　上申、已畢、
　　↓上申し、已に畢んぬ、
　　＝すでに上申した。

③**「給」↓たまう**

活用語の連用形に接続する補助動詞。活用も同じ（四段型）。意味は尊敬で、「～なさる」「～される」と訳す。

例1　詠給、
　　↓詠み給う、

＝　お詠みになる。

例2　令披露給、

→　披露せしめ給う、

＝　ご主人に申し上げなさる。

④「奉」→　たてまつる

活用語の連用形に接続する補助動詞。活用も同じ（四段型）。意味は謙譲で、「〜し申し上げる」「〜してさしあげる」と訳す。

例1　奉拝朝廷了、

→　朝廷を拝し奉り了んぬ、

＝　朝廷を拝み申し上げた。

例2　奉譲渡　領田事、

→　譲渡し奉る領田の事、

＝　譲渡し申し上げる所有地の事。

⑤「所」→ところ

直後に活用語の連体形をとる形式名詞だが、多くの場合、文末の「也」に続いて終助詞的な働きをする。「〜するものである」「〜する次第である」と訳す。

例1　所被下知也、
→下知せらるる所なり、
＝下達なさるものである。

例2　所致信奉也、
→信奉致す所なり、
＝信奉するものである。

例3　所仰、如件、
→仰する所、件の如し、
＝おっしゃることは以上の通りである。

⑥「歟」→か

古文の終助詞「か」に相当する。体言について、軽い疑問の意味を示す。

例1　是神変歟、

↓　是れ、神変か、

＝　これは神変だろうか。

例2　可定歟、

↓　定むべきか、

＝　定めるべきだろうか。

例3　不能記歟、

↓　記すあたわざるか、

＝　記すことはできないだろうか（できないかもしれない）。

⑦「乎」・「哉」→ や・か

古文の終助詞「や」「か」に相当する。文末について、疑問の意味を示す。直前に活用語がくる場合は、連体形に接続する。前項⑥の「歟」が内向的な問いであるのに対して、外に向かって問いを発する場合や反語の意味で使用することが多い。適度に他の語（係助詞・助動詞など）を補って読むこともある。

例1　是何之謂乎、
↓　是れ、何の謂《い》いぞや、
＝　これは、何のことを言っているのか。

例2　如何可沙汰哉、
↓　如何、沙汰すべきや、
＝　どうすべきであろうか。

例3　誰人可為之哉、
↓　誰人か、之を為すべけんや、
＝　一体、誰がこれをなすことができるのか（いや、できない）。

⑧「而已」・「耳」↓のみ

古文の副助詞「のみ」に相当するが、文末に用いられることが多い。直前に活用語がくる場合は、連体形に接続する。意味は限定で、「～だけ」と訳す。

例1　可黙而已、
↓　黙すべきのみ、

＝黙るだけである。

例2　只有一人耳、

＝↓只、一人有るのみ、

＝ただ一人いるだけである。

例3　随有而已、

↓有るに随うのみ、

＝有るものにしたがって、行なうだけである。

⑨「者」↓てへり。てえり

「と言へり」が短縮された形。文末について、引用を示す。

例1　彼云、無料足、者、

↓彼云わく、料足なし、てへり、

＝彼が言うには、費用がないということだ。

例2　如彼状者、全不覚悟也、者、

↓彼の状の如くば、全く覚悟せざるなり、てへり、

＝　その状によると、全く記憶にないとのことだ。

例3　送使云、只今可参内、者、

↓　使いを送りて云わく、只今参内すべし、てへり、

＝　使者を送って言うには、すぐに参内せよ、とのことだ。

⑩「云々」↓ うんぬん。しかじか

直前に「と」をともない、文末について引用を示す。また、引用文を省略して、他にも文があることを類推させる働きがある。その際には「取詮〈詮を取る＝要点だけを抜き書きした〉」という但し書きがつくことが多い。慣用的には、ひらがなに直さなくともよい。

例1　不見知云々、

↓　見知せずと云々、

＝　見知っていないそうだ。

例2　立券不分明云々〈取詮〉、

↓　立券、不分明と云々〈詮を取る〉、

＝　立券（土地の証拠書類）は明確でないという〈内容を抜粋した〉。

【演習問題 二】述語・述部

A 基礎演習　以下に挙げる変体漢文を訓読しなさい。

① 可被申

② 不可被申

③ 可令申

④ 不可令申

⑤ 可被令申

⑥ 不可被令申

⑦　可令射

⑧　可令管領

⑨　可令駆

⑩　可令宛

B　応用演習　以下に挙げる変体漢文を訓読しなさい。

①　往古、以八幡宮、為氏神之条、不可有所見云々、此事猶不審事也、

（『十輪院内府記』文明十三年三月廿八日条）

②　然者、任彼例、可被造歟之由　勅定候、

（『久我家文書』一七二八号、藤原忠通書状）

③ 前大相国長女、可被入上皇之由、上皇所示給也、

（『長秋記』長承二年六月二日条）

④ 御号事、甘露寺何事候哉、不令管領其地給、御斟酌尤其謂候、

（『園太暦』貞和四年四月十九日条）

⑤ 今日還御以前、常御所已下所々掃除事、所奉行也、

（『勘仲記』弘安十年六月十四日条）

⑥ 後聞、禅閤〈一条兼良〉此日薨逝、満八十、雖老年御事、日本無双之才人也、已失日月之明歟、

（『十輪院内府記』文明十三年四月二日条）

⑦ 以少将具氏被仰曰、可参常御所南面方者、則参入、何事可有沙汰乎之由、被仰之、

（『岡屋関白記』建長元年二月二日条）

⑧ 京都飛礫猶以為狼藉之基、固可加禁遏之由、前武州禅室執権之時、其沙汰被仰六波羅畢、

（『吾妻鏡』文永三年四月廿一日条）

補足　文書の書き止め文言

文書の末尾には、その文書を発給することを特に強調したり、文書が相手側に到着してからの手続きを指示するような文言が記されることが多い。これらは、文書の様式に応じて、文言がほぼ定まっている。一般的な訓読法からは外れる部分が多いため、以下では文書の様式ごとに書き止め文言の訓読のしかたを掲げておく。なお、⑫以下はあくまで参考であり、用例自体も少ないか、またはあまりにも多様であって法則性に乏しいため、あえて覚える必要のないものである。

各文書名とその様式については、緒言（3）A—1（6頁）を参照。

① **詔書**（しょうしょ）・**勅書**（ちょくしょ）

例　主者施行、

→主《つかさ》どる者、施し行え、

＝　責任者は執行せよ。

※後世には、「しゅしゃ、しぎょうせよ」と音読みするようになった。

②　綸旨（りんじ）

例1　依　天気、上啓如件、

↓　天気に依り、上啓件の如し、

＝　天皇の仰せによって、以上の通りお知らせする。

例2　依　御気色、上啓如件、

↓　御気色に依り、上啓件の如し、

＝　天皇の仰せによって、以上の通りお知らせする。

例3　天気如此、悉之、以状、

↓　天気此《か》くの如し、之を悉くせよ、以て状す、

＝　天皇の仰せは以上の通りである。すべて執行せよ。状を発給する。

例4　依　御気色、執達如件、

→御気色に依り、執達件の如し、
＝天皇の仰せにより、以上の通り下達する。

例5　綸言如此、悉之、以状、
→綸言此《か》くの如し、之を悉くせよ、以て状す、
＝天皇のお言葉は以上の通りである。すべて執行せよ。状を発給する。

※皇后や親王が発給する「令旨」の場合は「依　女院御気色、執達如件」などとなる。

③符（ふ）

例　符到奉行、
→符到らば奉り行なえ（奉行せよ）、
＝この符がそちらに届いたら、敬意を払い執行せよ。

④牒（ちょう）

例1　今以状牒、牒至准状、故牒、

→今、状を以って牒す、牒至らば状に准ぜよ、故《ことさら》に牒す、
＝今、事情を記して牒とする。この牒がそちらに届いたら、その内容にしたがえ。以上、特に牒を発給する。

例2　今録具状、以牒、
→今、具状を録し、以て牒す、
＝今、詳しい事情を記し、牒を発給する。

例3　乞衙察之、以牒、
→乞うらくは、衙、之を察せんことを。以て牒す、
＝お願いするのは、そちらで事情を汲んで頂くことです。牒を発給します。

例4　件状如前、謹牒、
→件の状、前の如し、謹みて牒す、
＝内容は前文の通りである。謹んで牒を提出する。

⑤移（い）

例　移到准状、故移、

↓　移到らば状に准ぜよ、故《ことさら》に移す、
＝　この移がそちらに届いたら、その内容にしたがえ。特に移を発給する。

※「以移（以て移す）」となる場合もある。

⑥官宣旨（かんせんじ）

例　依宣行之、
↓　宣に依り之を行え、
＝　天皇の勅（を取り次いだ人物の命令）にしたがって、執行せよ。

⑦下文（くだしぶみ）

例　不可致違失、故下、
↓　違失致すべからず、故《ことさら》に下す、
＝　以上の内容に違反してはいけない。特に下文を発給する。

※「以下（以て下す）」となる場合もある。

⑧ **告状・告書**（こくじょう・こくしょ）

例　故告、

↓ 故《ことさら》に告す、

＝ 特に告状（告書）を発給する。

⑨ **下知状**（げちじょう）

例　下知如件、

↓ 下知件の如し、

＝ 以上の通り下達する。

⑩ **御教書**（みきょうじょ）

例1　依～仰、執達如件、

↓ ～の仰せに依り、執達件の如し、

＝～の仰せによって、以上の通り下達する。

例2　依～御気色、執達如件、

↓～の御気色に依り、執達件の如し、

＝～のお考えにしたがって、以上の通り下達する。

例3　仍執達如件、

↓仍って執達件の如し、

＝よって以上の通り下達する。

※他にも文例は多いが、基本的に前掲②と同様である。

⑪解（げ）

例1　仍勒状、以解、

↓仍《よ》って状を勒《ろく》し、以て解《げ》す、

＝よって事情を記し、上申する。

例2　申送如件、以解、

↓　申し送ること件の如し、以て解す、
＝　以上の通り申し送り、上申する。

例3　言上如件、謹解、
↓　言上件の如し、謹みて解す、
＝　以上の通りの内容で、謹んで解を提出する。

⑫ 券文（けんもん）

例1　以件文契為実耳、
↓　件の文契を以て実となすのみ、
＝　その文契（契約書）を実効あるものと見なす。

例2　券文如件、
↓　券文、件の如し、
＝　以上の通り、券文を記す。

⑬ **勘文（かんもん）**

例　仍勘申、

↓　仍って勘《かんが》え（勘《かん》じ）申す、

＝　よってお尋ねに対して考えた結果を上申する。

⑭ **解由状（げゆじょう）**

例　仍与解由如件、

↓　仍って解由を与うること件の如し、

＝　よって以上の通り解由を与える。

⑮ **返抄（へんしょう）**

例　且検納如件、故返抄、

↓　且《かつがつ》検納件の如し、故《ことさら》に返抄す、

＝　およそ以上の通り照合して収納した。特に返抄（領収証）を渡す。

⑯ **記文**（きぶん）

例　仍留斯記文、

↓　仍って斯《こ》の記文を留む、

＝　よってこの記文を書き留める。

⑰ **定文**（さだめぶみ）

例　仍且定之、

↓　仍って且《かつがつ》之を定む、

＝　よって、およそこのように定める。

⑱ **施入状**（せにゅうじょう）

例１　右、奉入如件、

↓　右、奉入すること件の如し、

＝　右の通り、寄付し納める。

例２　奉納如件、

↓ 奉納すること件の如し、
＝ 以上の通り、奉納する。

【演習問題 三】 文書の書き止め文言

◆以下に挙げる変体漢文を訓読しなさい。

① 神護寺灌頂阿闍梨事、可令存知給者、依天気、上啓如件、
（『鎌遺』二九一三一号、後醍醐天皇綸旨）

② 贈后御八講結願、可参仕給者、依 御気色、上啓如件、
（『鎌遺』一八二四〇号、後深草上皇院宣）

③ 武蔵法花寺当知行地事、被聞食畢、僧衆可存其旨者、天気如此、悉之、以状、
（『南北朝遺文 関東編』八号、後醍醐天皇綸旨）

④ 筥崎宮事、召取摂政家下文、遣之者、依御気色、執達如件、
（『鎌遺』一七号、後白河法皇院宣）

⑤ 専修念仏興行之輩、可停止之由、被宣下五畿七道候畢、且可有御存知候者、綸言如此、悉之、
（『鎌遺』三六三七号、後堀河天皇綸旨）

⑥ 件道清、宜為彼宮検校令執行者、府宜承知、依宣行之、符到奉行、

⑦今以状牒、牒到准状、故牒、
（『鎌遺』二一〇号、太政官符）

⑧依実勘糺之、今録具状、以牒、
（『鎌遺』一〇五八八号、大宰府守護所牒）

⑨進牒如件、謹牒、
（『平遺』一五八号、筑前国観世音寺牒案）

⑩右、件人、宜為大祢宜之職、従社務之状、所仰如件、神官等承知、不可違失、故下、
（『鎌遺』二九〇六号、豊後御許山牒）

⑪今明両年、可閣其節之由、宜仰五畿七道者、諸国承知、依宣行之、
（『鎌遺』九六一号、兵部省移）

（『南北朝遺文　関東編』六四号、官宣旨案）

⑫不得疎略、故告、
（『平遺』二八一号、東大寺告書案）

⑬所詮、被停無道之訴訟、任道理、欲蒙御裁断矣、仍勒状、以解、
（『鎌遺』一二二〇五号、尼真妙陳状案）

⑭　但、或遺言、或本券雖留、彼此、以件文契、為実耳、

（『平遺』一一一八号、秦永成家地相博券文）

⑮　准拠例、所見如斯、仍勘申、

（『鎌遺』一六一七六号、文殿勘文）

Ⅲ　修飾語・修飾部

（1）目的語・目的節

A　代名詞としての「之（これ）」

「之」の字には、「の」という訓みの他に「これ」という訓みがある。直前の名詞を表し、動詞の目的語となるという働きがある。特に「題目化」という用法は頻出する。これは先に名詞を示しておいて、それが動詞の目的語であることを示す用法である。この場合、最初に示された名詞は文の主語にはならない。

例1　申之、　↓　之を申す、　＝　これを申す。

例2　令見之、　↓　之を見しむ、

例3　酒、呑之、
＝酒を呑む。
→酒、之を呑む（題目化）、
＝これを見る（見させる）。

例4　式目、可被定之、
→式目、之を定めらるべし（題目化）、
＝式目をお定めになるべきである。

B　目的語を導く語

①「於」→を

動詞＋目的語A＋於＋目的語Bという順序で、「AをBに〜する」という意味になる。

例1　寄事於左右、
→事を左右に寄す、
＝さまざまな言い訳をする。

例2　遣状於弥九郎、
　↓　状を弥九郎に遣わす、
　＝　書状を弥九郎に遣わす。

例3　任法於公方、
　↓　法を公方に任す、
　＝　法的な裁きを公方に任せる。

②「以」　↓　〜を以て

体言の直前について、「〜で以て」、「〜を通して」（手段）、「〜を使って」（使役）などの意味になる。

例1　以使者、令申事由了、
　↓　使者を以て、事の由を申さしめ了んぬ、
　＝　使者を遣わして、事情を説明させた。

例2　以小刀、令切給、
　↓　小刀を以て、切らしめ給う、

=小刀で以てお切りになる。

例3 以彼所、宛行了、

↓彼の所を以て、宛て行い了んぬ、

=その場所（土地）を与えた。

例4 以使者、申殿下了、

↓使者を以て、殿下に申し了んぬ、

=使者を遣わして、殿下に申し上げた。

③「由」↓よし

直前に文節と「之」をともない、「〜であること」という意味になる。概してこの直後に動詞が来て、その目的語となる。

例1 不例之由、申之、

↓不例の由、之を申す、

=病気であるとのことを申す。

例2 可有出帯之由、令仰了、

→出帯あるべきの由、仰せしめ了んぬ、
＝文書を持って参上すべきである、とのことをおっしゃった。

例3　追而可有沙汰之由、所被仰也、
→追って沙汰あるべきの由、仰せらるる所なり、
＝追って処分があるだろう、とのことをおっしゃるものである。

例4　可被遂御糺明之由、所被仰下也、
→御糾明を遂げらるべきの由、仰せ下さるる所なり、
＝御糾明を遂げるべきだ、とのことをおっしゃるものである。

④「旨」→むね

直前に文節と「之」をともない、「～であること」という意味になる。概してこの直後に動詞が来て、その目的語となる。

例1　不分明之旨、伝之、
→不分明（分明ならざる）の旨、之を伝う、
＝はっきりしない、ということを伝える。

例2　不可有別事之旨、治定了、
→　別事あるべからざるの旨、治定し了んぬ、
＝　それ以外のことをしてはいけない、と定めた。

例3　奉了之旨、申之畢、
→　奉《うけたまわ》り了んぬるの旨、之を申し畢んぬ、
＝　承知いたしました、とのことを申した。

⑤「状」→　じょう

直前に文節と「之」をともない、「〜であること」という意味になる。概して、文書の書き止め文言「如件」と併用される場合が多い。Ⅰ（2）③（19頁）の「状」と区別をつけにくいが、あとにくる動詞の目的語になっていると見られるため、ここに分類する。

例1　可沙汰付雑掌之状、依仰執達如件、
→　雑掌に沙汰し付くべきの状、仰せに依り執達件の如し、
＝　雑掌に土地を渡すべきであるとのことを、仰せにより以上の通り下達する。

例2　不可有違犯之状、下知如件、

↓ 違犯あるべからざるの状、下知件の如し、
＝ 違反をしてはいけないとのことを、以上の通り下達する。

（2） 副詞と連用修飾

A 多用される副詞

ここでは、古文書・古記録に多用される副詞または副詞的な語を挙げる。

ⓐ 追加・並列を表す副詞

又・亦（また）＝ また。さらに

例 奉為 天長地久并摂政家・将軍家・又一条大政入道殿御一門繁昌・御息災安穏、永代所寄進也、

（『鎌遺』五〇九五号、幸秀寄進状案）

→天長地久ならびに摂政家・将軍家、また一条大政入道殿の御一門の繁昌、御息災安穏の奉為《おんため》に、永代寄進する所なり、
＝この世が長く安泰であること、および摂政家・将軍家、さらに一条大政入道殿の御一家の繁盛と安穏のために寄進するものである。

猶（なお）＝なお。その上

例　早任酒麹売役傍例、厳密相触之、若猶不叙用者、就令註申交名、可有殊沙汰之由、所被仰下也、（「京都御所東山文庫所蔵地下文書」細川持之奉書案）
→早く酒麹売役の傍例に任せ、厳密に之を相触れ、もしなお叙用せずば、交名を注申せしむるに就き、殊なる沙汰あるべきの由、仰せ下さるる所なり、
＝早く酒麹売買への課税の先例に則り、厳密に通達し、それでもなお従わないのならば、名簿を報告させるので厳重な処罰がある、とのことを仰せ下された。

并（ならびに）＝ならびに。～と

例　扈従公卿并御共殿上人已下、

→扈従《こしょう》の公卿ならびに御共の殿上人已下、

＝付き従う公卿ならびにお供の殿上人以下、

（『勘仲記』建治二年正月十一日条）

重而（かさねて）＝かさねて。再び

例　巨細尚条々、重而以一紙、披露可申候、

→巨細《こさい》なお条々、重ねて一紙を以て、披露申すべく候、

＝詳細については、再び一通の書状でもって、ご案内いたします。

（『鎌遺』一四二〇四号、大中臣祐賢書状案）

追而（おって）＝おって。後に

例　委尋明、随注進、追而可有御計者、

→委《くわ》しく尋ね明かし、注進に随い、追って御計らい有るべし、てへり、

＝詳しく追及し、報告に従い、おって処断があるだろう、とのことだ。

（『吾妻鏡』宝治元年六月五日条）

且（かつ・かつがつ）＝ かつ。また。とりあわせて

例　隋其趣、可有沙汰、且又可問人々云々、（『玉葉』建久二年閏十二月二十日条）

↓　その趣に随い、沙汰有るべし、且つ又人々に問うべしと云々、

＝　その内容に従って、手続きをせよ。また人々に尋ねよ、ということだ。

或（あるいは）＝ あるいは。または

例　喜字、天喜已後、不用之、而彼天喜、或多火災、或有兵乱、喜字不可用之由、沙汰切了、（『平戸記』安貞三年三月五日条）

↓　喜の字、天喜已後、これを用いず、しかして彼の天喜、或いは火災多く、或いは兵乱有り、喜の字、用いるべからざるの由、沙汰切り了んぬ、

＝　「喜」の字は、天喜の年号以来、使用してはいない。その天喜年間には、火災が多く、兵乱もあった。「喜」の字は用いない、ということで決定した。

※「且～且～」の形で「かつうは～かつうは～」、また「或～或～」の形で「あるいは～あるいは～」と訓読する。「一方では～一方では～」という意味になる。

(b) 程度を表す副詞

殊（ことに・ことには）＝ **特に**

例　若於令違背之者、奉始大仏、八幡三所・仏法擁護春日権現・八大明神・日本国中大小神祇、殊二月堂観音御罰、具可罷蒙之状如件、

（「東大寺図書館架蔵文書」三／三／一二三、東大寺世親講衆連署起請文）

↓もし之に違背せしむるにおいては、大仏を始め奉り、八幡三所・仏法擁護の春日権現・八大明神・日本国中大小神祇、殊には二月堂観音の御罰を、つぶさに罷り蒙るべきの状、件の如し、

＝もし違反したのならば、東大寺大仏をはじめとして、八幡三所・仏法擁護の春日権現・八大明神・日本国中大小神祇、特に二月堂観音の御罰をこの身に受けるべきであるということは、以上の通りである。

故（ことさらに）＝ **特に。格別に**

例　右人、為彼職、有限所当公事等、任請文之旨、無懈怠、可令弁勤之状如件、沙汰人百姓等宜承知、勿違失、故下、

（『鎌遺』八二五八号、若狭太良荘預所下文案）

↓右の人、彼の職として、有限所当公事等、請文の旨に任せて、懈怠なく弁勤せしむべきの条、件の如し、沙汰人百姓ら、宜しく承知し、違失するなかれ、ことさらに下す、

↓右の人をその職務につけ、決められた所当公事など、契約書の内容に則って、怠りなく納めさせることは以上の通り。沙汰人百姓らは、これをよく承知し、違反をしてはいけない。特に下文を出す。

更（さらに）＝さらに

例　右権中将道隆、叙正四位下、極奇怪事、四位正下一姓（世）源氏外、更無此例、

（『小右記』天元五年正月六日条）

↓右権中将道隆、正四位下に叙す、極めて奇怪のこと、四位正下、一姓（世）の源氏のほか、さらにこの例なし、

＝右近衛権中将道隆が、（いきなり）正四位下に任ぜられた。極めて珍しい

ことで、その位に任ぜられることは、(臣籍に下った)源氏以外にはない。

弥(いよいよ)＝**いよいよ。ますます**

例　今暁有夢想事、仍御仏事、弥可励志之由相存、（『看聞日記』応永二十六年二月七日条）

↓今暁夢想の事あり、よって御仏事、いよいよ志を励ますべきの由、相存ず、

＝今朝、夢のお告げがあった。そこで、仏事にますます励むべきだと思った。

甚(はなはだ)＝**はなはだ。非常に**

例　甚以奇怪、（『民経記』寛喜三年四月二日条）

↓甚だ以て奇怪、

＝まったく以て奇妙だ。

尤(もっとも)＝**最も。特に**

例　尤可謂遺恨歟、（『平戸記』仁治三年三月二十八日条）

↓尤も遺恨と謂うべきか、

＝　最も残念と言うべきだろうか。

偏（ひとえに）＝ひとえに。まったく

例　此次、数剋、中承政道事、宮御存知之間、偏是中興之徳化也、

（『葉黄記』宝治二年十一月廿一日条）

↓　このついで、数剋、政道の事を申し承る、宮御存知の間、ひとえにこれ中興の徳化なり、

＝　このついでに、数刻の間、政道のことをお聞きした。宮もご存じであるので、これはひとえに近年における天皇の徳の高まりを示すものである。

悉（ことごとく）＝ことごとく。すべて

例　当流文書、悉今度乱中、於宇治平等院宝蔵紛失、

（『長興宿禰記』文明十一年十一月廿四日条）

↓　当流の文書、悉く今度の乱中、宇治平等院の宝蔵において紛失す、

＝　この家系に伝わった文書は、今回の兵乱により、宇治平等院で紛失した。

能々（よくよく）＝よくよく

例　能々可祈念之由、社并御寺に仰下了、

（『殿暦』永久四年七月六日条）

↓よくよく祈念すべきの由、社ならびに御寺に仰せ下し了んぬ、

＝よくよく祈祷するようにと、神社および寺院に命じた。

堅（かたく）＝かたく。厳しく

例　任先例、堅可令禁断也、

（『鎌遺』三二五七六号、左衛門少尉某奉書案）

↓先例に任せ、かたく禁断せしむべきなり、

＝先例に則り、厳しく禁制する（禁制させる）べきである。

急度（きっと）＝きっと。絶対に

例　都鄙馳走、可為神妙由、急度意見簡要候、

（「吉川家文書」六七号、足利義輝御内書）

↓都鄙馳走、神妙たるべきの由、急度意見、簡要に候、

＝都鄙の人々が奔走し、手はずを整えるよう申し入れるのが肝要である。

一向（いっこう）＝**すべて。専ら**

例　仍諒闇事、可有其沙汰条、尤御本意、一向憑思食云々、

（『満済准后日記』永享五年十月廿三日条）

↓よって諒闇のこと、その沙汰あるべきの条、もっとも御本意、一向憑《たの》みおぼしめすと云々、

＝よって天皇の服喪のことにつき、手続きを進めるべきことは（主人の）本意であり、すべてそちらを頼りと思っていらっしゃるとのことだ。

淵底（えんてい）＝**すっかり。すべて**

例　仰、沙汰之次、可被究淵底歟、若猶可被召決歟之由、可申関東、

（『経俊卿記』正嘉元年四月十七日条）

↓仰す、沙汰の次《ついで》、淵底を究めらるべきか、もしなお召し決せらるべきかの由、関東に申すべし、

＝仰せがあった。手続きのことについて、徹底的に内容を詰めるべきか、この時点で決定すべきかを幕府に申せ、とのことである。

別而（べっして）＝**とりわけ。特別に。格別に**

例　故北山殿廿五年忌也、別而有御仏事、（『看聞日記』永享四年五月二日条）

↓故北山殿廿五年忌なり、別して御仏事あり、

＝故北山殿の二十五周忌である。特別に仏事があった。

良（やや）＝**「良久（ややひさしく）」の形で、「少し」「ちょっと」の意味**

例　参内、次参院、良久候御前、黄昏罷出、（『小右記』永祚元年十二月十七日条）

↓参内す、次いで参院す、やや久しく御前に候じ、黄昏に罷り出づ、

＝内裏に参り、次に院に参った。しばらく院の御前にあり、夕刻に退出した。

聊（いささか）＝**多少、若干**

例　世上、聊静謐候者可参啓也、（『園太暦』文和四年二月十三日条）

↓世上、聊か静謐に候わば、参啓すべき也、

＝世の中が少し静かになったら、参って挨拶しましょう。

白地（あからさまに）＝かりそめに。ちょっと

例　将軍家、去夜白地入御相州御亭、（『吾妻鏡』元久元年九月十五日条）

↓将軍家、去んぬる夜、白地に相州の御亭に入御す、

＝将軍が昨夜、かりに相模守の邸宅にお入りになった。

粗々（あらあら）＝おおよそ。大略

例　仍粗々勒状、言上如件、（『鎌遺』七一七八号、筑後高良別宮旧記写）

↓よって粗々状に勒し、言上件の如し、

＝そこで大略、文書に記して申し上げることは以上の通りである。

(C) 時間経過・頻度を表す副詞

軈（やがて）＝すぐに

例　又京中焼上、乍去軈而打消云々、近日、毎日如此、（『後慈眼院殿御記』明応三年七月廿二日条）

→ また京中焼き上がる、さりながら、やがて打ち消すと云々、近日、毎日かくの如し、
＝ また洛中が焼失した。しかし、すぐに火は消されたという。最近は、毎日このようなことばかりである。

速（すみやかに）＝ **速やかに。すぐに**

例　背此制約者、守遺誡之輩、速可触申本寺也、
（『鎌遺』四三二九号、覚真置文）

→ この制約に背かば、遺誡を守るの輩、すみやかに本寺に触れ申すべきなり、
＝ この規制に背いた場合は、遺言を忠実に守る人々が、すみやかに本寺に報告すべきである。

忽（たちまち）＝ **すぐに。突然**

例　朝間晴、申刻以後、黒雲早掩、雨忽降、当今初度賀茂行幸也、
（『一音院殿御記』弘長二年四月廿日条）

→ 朝の間晴る、申の刻以後、黒雲早く掩《おお》う、雨たちまち降る、当今初度の賀

茂行幸なり、

＝ 朝の間は晴れていた。申の刻以後、黒雲が空を覆い、雨がすぐに降った。現今の天皇による、初めての賀茂への行幸である。

漸（ようやく）＝ **少しずつ。段々に。やっと**

例 後冷泉院御時、治暦二年、初叙法眼之後、漸至大僧正、補天台座主、十年于今伝真言道、殊有身験、（『中右記』康和四年三月二十八日条）

↓ 後冷泉院の御時、治暦二年、初めて法眼に叙するの後、漸く大僧正に至り、天台座主に補す、十年今に真言の道を伝え、殊に身に験あり、

＝ 後冷泉院の時、治暦二年、初めて法眼に任ぜられて後、ようやく大僧正に至り、天台座主にも任ぜられた。十年の間、今に真言の道を修行しており、特に、その身には霊験力があった。

暫（しばらく）＝ **しばらく**

例 次大殿召朝隆、令問人々参集否給、朝隆未参集之由を申、大殿被仰云、暫

可相待、

（『台記』保延二年十二月九日条）

↓次いで大殿、朝隆を召す、人々参集するや否やを問はしめたまふ、朝隆、未だ参集せざるの由を申す、大殿仰せられて云く、暫く相待つべし、

＝次に大殿が朝隆をよび、人々が参集しているか否かを尋ねた。朝隆は、まだ参集していないと申した。大殿がおっしゃるには、しばらく待とうとのことであった。

既・已（すでに）＝すでに

例　酉剋許、神木已入洛之由風聞、諸門番衆等群集、

（『花園天皇宸記』正和三年三月十七日条）

↓酉の剋ばかり、神木すでに入洛の由風聞す、諸門番衆ら群集す、

＝酉の刻ぐらいに、神木がすでに京都に入ったとの噂があった。そこで、諸門番衆らが群集した。

※「既・已　＋　了・畢・訖」の形で「すでに了《おわ》んぬ」と訓読する。「すでに終了した」の

意味。Ⅱ（4）②（72頁）を参照。

適（たまたま）＝たまたま

例　此間、大膳権大夫在継朝臣〈陰陽権助〉適入来之間、行幸日次所尋問也、

（『民経記』寛喜三年八月七日条）

↓この間、大膳権大夫在継朝臣〈陰陽権助〉、たまたま入り来たるの間、行幸の日次《ひなみ》を尋ね問うところなり、

＝この時、大膳権大夫在継朝臣〈陰陽権助〉がたまたまやって来たので、行幸の日取りをいつにしたらよいか尋ねた。

動（ややもすれば）＝うっかりすると。場合によっては

例　近代、仁和寺辺悪僧往反、動成悪事也、

（『中右記』永久二年七月四日条）

↓近代、仁和寺の辺に悪僧往反す、ややもすれば悪事をなすなり、

＝最近、仁和寺のあたりに悪僧がうろついており、場合によっては悪事を働くということである。

(d) 動作の状態を表す副詞

倶（ともに）＝**ともに**

例　其後、同九年正月十四日、名越尾張入道・遠江守兄弟、倶非分被誅候了、

（『鎌遺』一五七六六号、金沢顕時書状案）

↓その後、同九年正月十四日、名越尾張入道・遠江守兄弟、ともに非分に誅せられ候い了んぬ、

＝その後、同九年正月十四日、名越尾張入道・遠江守兄弟の二人は、ともに謂われなく誅殺された。

具（つぶさに）＝**詳しく**

例　具申上子細於関東之処、

（『鎌遺』二一〇九七号、某御教書）

↓具に子細を関東に申し上ぐるの処、

＝詳しく事情を鎌倉幕府に申し上げたところ、

寔（まことに）＝本当に

例　今度、無為果宿願、寔非神恩乎、為悦不少者也、（『民経記』寛喜三年八月十四日条）

↓　今度《このたび》、無為に宿願を果たす、まことに神恩にあらざるや、為悦少なからざるものなり、

＝　このたび、無事に宿願を果たせた。これは神恩ではないだろうか。喜びは少なくないものである。

慥（たしかに）＝たしかに

例　慥賜之由、以詞返答之、（『師守記』貞治三年七月九日条）

↓　たしかに賜るの由、詞を以てこれを返答す、

＝　たしかに頂戴した旨を、ことばで以て返答した。

恣（ほしいままに）＝勝手に

例　平相国禅閤、恣管領天下、（『吾妻鏡』治承四年四月二十七日条）

↓　平相国禅閤、恣に天下を管領し、

＝平相国禅閤が、ほしいままに天下を支配し、

強（あながちに）＝**強いて**

例　強不及訴候へとも、（漢字仮名交じり。『鎌遺』一巻三八一号、源頼朝書状）

↓強ちに訴えに及ばず候へども、

＝強いて訴えには及びませんが、

猥（みだりに）＝**みだりに、みだりがましく**

例　諸社神人・諸寺大衆、猥以競発、旁成濫悪、（『中右記』長治元年十月三十日条）

↓諸社の神人・諸寺の大衆、猥りに以て競発し、旁《かたがた》濫悪を成す、

＝諸神社の神人と諸寺院の大衆らが、みだりに強引な要求をし、その一方で乱暴・違反を働く。

輙（たやすく）＝**簡単に**

例　可被裁許之由、輙難定申、（『小右記』寛仁元年十月九日条）

↓裁許せらるべきの由、輙く定め申し難し、
＝裁許されるべきだということについては、簡単に定め難い。

慭（なまじいに）＝中途半端に、なまじっか。不承不承

例　代始、禁中儀違例、不便之由有御返事、仍慭参内、

（『兵範記』仁安三年四月十五日条）

↓代始、禁中の儀違例、不便の由御返事有り、仍って慭に参内す、
＝天皇の代始で、禁裏の行事が先例にそぐわず、困っているとの返事があった。そこで、私は不承不承、参内した。

不図（ふと）＝ふと。思わず

例　御内書、謹而頂戴、誠以忝奉存候、不図中風致出来、

（「島津家文書」一五一五―二、島津義弘書状案）

↓御内書、謹みて頂戴す、誠に以てかたじけなく存じ奉り候、ふと中風出来《しゅったい》いたす、

＝御内書を謹んで戴きました。誠にかたじけなく思っております。私は、思いがけず中風を発病しました。

忝（かたじけなく）＝かたじけなく。勿体なく、恐れ多く

例　右条々、若私曲偽於在之者、忝も此霊社上巻起請文之御罰、各深厚に可罷蒙者也、仍前書如件、（「毛利家文書」九六三、豊臣氏大老奉行連署起請文前書写）

↓右の条々、もし私曲偽りこれあるにおいては、かたじけなくもこの霊社上巻起請文の御罰、おのおの深厚に罷り蒙るべきものなり、よって前書き件の如し、

＝右の条項について、もし嘘いつわりを申したならば、恐れ多くもこの神社に奉納した起請文の通りの罰を、それぞれの身に深く蒙るべきである。よって、前書きは以上の通り。

謹（つつしみて）＝謹んで

例　右、謹検案内、件南俣地頭職者、大隅国在庁頼清先祖相伝所帯也、

（『鎌遺』二八六号、大隅正八幡宮神官等解）

→右、謹みて案内を検ずるに、件の南俣の地頭職は、大隅国在庁頼清、先祖相伝の所帯なり、

＝右の件について、謹んで事情を調べてみると、その南俣の地頭職は、大隅国在庁である頼清の先祖相伝の財産である。

如此（かくのごとく）＝**このように**　※形容詞的な語句「如此《かくのごとし》」の連用形である。

例　百八十文、為酒直引留云々、近年如此、

（『康富記』文安四年六月二十四日条）

→百八十文、酒の直《あたい》として引き留むと云々、近年かくの如し、

＝百八十文を、酒の代金として留め置くという。近年はこのようである。

⒠　論理的判断や主観・客観を表す副詞

爰（ここに）＝**ここにおいて**

例　龍崎尾張入道家人依田太郎、十五ヶ年買得云々、爰任社領沽却之地半済之

法、被仰付之処、一円押領之、（『神奈川県史』五三一八号、関東管領〈上杉朝宗〉奉書）

↓龍崎尾張入道の家人依田太郎、十五ヶ年買得すと云々、ここに社領の沽却の地半済の法に任せ、仰せ付けらるるのところ、一円、之を押領す、

＝龍崎尾張入道の家人である依田太郎がその土地を、十五ヶ年前に買得したという。ここにおいて、神社領の「売却された土地は年貢を半分差し押さえるという法律」にもとづき、それを命じたところ、彼は全域を占領した。

併（しかしながら）＝**まったく以て。他と同じく。それにしても**

例　彼庄民等之陳状、併不可説也、（『鎌遺』一〇七三号、大和長瀬荘百姓等重申状案）

↓彼の庄民等の陳状、しかしながら不可説なり、

＝その荘園の人々の陳状は、それにしても言語道断である。

以（以て）＝**「先以（まず以て）」「又以（また以て）」「旁以（かたがた以て）」などのかたちで、主観にもとづく強調を示す**

例　諸社神民・諸寺衆徒、旁以蜂起、（『中右記』長治元年九月二十五日条）

↓　諸社神民・諸寺衆徒、旁《かたがた》以て蜂起す、
＝　諸社の神民と諸寺の衆徒が、あわせて以て蜂起した。

所詮（しょせん・せんずるところ）＝　つまるところ、結局

例　只今一ヶ条、御相続御仁体事申入処ニ、為上ハ不可被定也、管領以下面々寄合可相計云々、所詮此御返事之上、重雖難申入、天下重事不可過之也、（『満済准后日記』応永三十五年正月十七日条）

↓　只今一ヶ条、御相続の御仁体の事申し入るる処ニ、上としては定めらるべからざるなり、管領以下の面々寄り合いて相ひ計《はから》うべしと云々、所詮この御返事の上、重ねて申し入れ難しと雖も、天下の重事、これに過ぐべからざるなり、

＝　いま一ヶ条、将軍を継ぐべき人を決めてくださるよう申し入れたが、将軍本人は「決められない。管領以下の人々が寄り合って決めればよかろう」とのことであった。結局、このご返事の上に重ねて申し入れることは難しいが、天下の重大事は、これ（将軍の跡継ぎを決めること）にまさるもの

はない。

結句（けっく）＝結局は、つまりは

例　結句、神慮難計、可行御卜之由、議定了、（『民経記』寛喜元年五月三日条）

↓結句、神慮計り難し、御卜を行うべきの由、議定し了んぬ、

＝結局、神のお考えは計りがたい。そこで卜占を行うべきだと議決した。

(f) 呼応・叙述の副詞

縦・仮令、雖～（たとい～といえども）＝仮に～であっても（Ⅳ(2)②（168頁）を参照）

例1　縦雖被責寄、

↓縦《たと》い責め寄せらると雖も、

＝たとえ、敵が攻め寄せてきたとしても、

例2　縦雖為先祖之本領、

↓縦い、先祖の本領たりと雖も、

＝　たとえ、先祖伝来の土地であると言っても、

若～者（もし～ば）＝もし～ならば

例1　若申偽者、

↓　若《も》し偽りを申さば、

＝　もし偽りを申したならば、

例2　若致懈怠候者、殊加誡、

↓　もし懈怠を致し候わば、殊に誡めを加う、

＝　もし怠ったならば、特に戒めを加える。

応・将・当（まさに～べし）＝まさに～せよ

例1　応停止事、

↓　応《まさ》に停止すべき事、

＝　まさに停止すべきこと。

例2　応早令停止国衙庄園地頭非法濫妨事、

↓　応に早く国衙・庄園の地頭の非法濫妨を停止せしむべき事、
＝　まさに早く国衙・庄園における地頭の非道・乱暴を停止させるべきこと。

宜（よろしく〜べし）＝よろしく〜せよ

例1　宜勘状、
↓　宜《よろ》しく状を勘ずべし、
＝　よろしく書類の内容を勘案せよ。

例2　為　勅願寺、宜令致御祈祷者、
↓　勅願寺として、宜しく御祈祷を致さしむべし、てへり、
＝　（天皇の）勅願寺として、よろしく祈祷をせよ、とのことだ。

須（すべからく〜べし）＝必ず〜せよ

例1　須執行之、
↓　須《すべか》らく之を執行すべし、
＝　必ずこれを執行せよ。

例2　雖須令下地頭候、
↓　須らく地頭に下さしむべく候と雖も、
＝　必ず地頭に下すべきだとは言っても、

争～乎・哉（いかでか～や・か）＝　どうして～だろうか（反語）

例1　争及沙汰哉、
↓　争《いかで》か沙汰に及ばんや、
＝　どうしてそんなことをするだろうか。

例2　院宣、争違背候哉、
↓　院宣、争か違背し候や、
＝　院宣にどうして違反することがあろうか。

匪啻（ただに～のみにあらず・のみならず）＝　ただ～であるだけでなく

例1　匪啻国之疲弊、
↓　啻《ただ》に国の疲弊のみにあらず（啻に国の疲弊なるのみにあらず）、

＝ただ国家の損益であるだけでなく、

例2　件堤、匪啻国衙之大切、

↓件の堤、啻に国衙の大切のみにあらず（啻に国衙の大切なるのみにあらず）、

＝その堤防は、ただ国衙にとって大切であるだけでなく、

※副助詞「のみ」の前には、体言および活用語の連体形のどちらが来てもよい。「匪啻」の直後に活用語がくる場合も多い。

例3　匪啻令押領、

↓啻に押領せしむるのみならず、

＝ただ横領・強奪するだけでなく、

例4　匪啻令対捍饗料、

↓啻だに饗料を対捍せしむるのみならず、

＝ただ饗料（としての税）を納めないだけでなく、

B　連用修飾節を導く語

①「於」→おいて

体言の直前にくる。訓読する場合は、直前に「に」を補う。意味は「～において」。

例　於相州御亭、有深秘御沙汰、

→相州の御亭において、深秘の御沙汰あり、

＝相模守の邸宅で、秘密の沙汰（会合）があった。

②「于」→に

体言の直前について、「～に」という格助詞を導く。「～まで」という意味も持つ。

例1　于今、

→今に、

＝今まで、

例2　異于他、

↓他に異なる、
＝他とは違う（特別の）、

例3　着于他国了、
↓他国に着し了んぬ、
＝他の国に着いた。

例4　于時、
↓時に、
＝時に（その時ちょうど）、

③「就」↓つき

体言の直前にくる。訓読する場合は、直前に「に」を補う。意味は「～について」。

例1　就是事、
↓是の事に就き、
＝このことについて、

例2　就言上状、下裁許了、

↓　言上状に就き、裁許を下し了んぬ、
＝　言上状について、（手続き通り）裁許を下した。

例3　今夕、可被行小除目云々、就其弁官、可被任職事、
↓　今夕、小除目を行わるべしと云々、其れに就き弁官、職事を任ぜらるべし、
＝　今夕、小除目が行われるという。その弁官によって、職事を任命すべきである。

④「依」「因」↓　より

体言の直前にくる。訓読する場合は、直前に「に」を補う。意味は「～により」「～のため」。

例1　依不足、
↓　不足により、
＝　不足のため、

例2　依無免除之儀、
↓　免除の儀、無きにより、
＝　免除の措置がないので、

例3　依重日引上、今日被修之、
↓重日により引上げ、今日之を修せらる、
＝暦の上で重日なので、日程を引き上げて、今日これを行なった。

例4　因茲、
↓茲《ここ》により、
＝これによって（このため）、

例5　勝定院無御成、蓋因祭礼也、
↓勝定院、御成無し、けだし祭礼によるなり、
＝勝定院の御出は無かった。思うに、祭礼によるのであろう。

⑤「任」↓まかせ

体言の直前にくる。訓読する場合は、直前に「に」を補う。意味は「〜にしたがって」。

例1　任先例、
↓先例に任せ、
＝先例にのっとって、

例2　任下知之旨、
↓　下知の旨に任せ、
＝　下達の内容にしたがって、

⑥「与」「與」（後者は旧字）↓と

名詞と名詞の間に入り、「〜と〜」というように接続する。
例1　地頭与預所、
↓　地頭と預所、
例2　弥五郎與弥次郎、
↓　弥五郎と弥次郎、
例3　竹林院大納言家人与鴨社禰宜祐光合戦事、
↓　竹林院大納言家人と鴨社禰宜祐光（と）合戦の事、

⑦「自」・「従」↓より

古文の格助詞「より」に同じ。直後に起点を表す体言がくる。意味は「〜から」。

※「～外」「～他」をともなって、除外を示すこともできる。

例　自関東御公事外者、

↓　関東御公事より外《ほか》は、

＝　関東御公事の他には、

⑧「至」↓いたり

動詞「至る」の連用形だが、主として「至～者（～にいたりては）」という形で用いられる。この場合は、「～に至っては」の意味になる。後掲⑭（145頁）参照。

例1　至此月、

↓　此の月に至り、

＝　この月になって、

例2　至新儀者、可停止之、

↓　新儀に至りては、之を停止すべし、

＝　従来通りでないものについては、停止せよ。

例3　至密談之儀者、兎も角も可為時宜、

↓　密談の儀に至りては、兎も角も時宜たるべし、

＝　密談の事については、ともかく最高権力者のお考えによるべきだ。

※時間的な終点を示す場合もある。「始〜至〜」とある場合は「〜より始めて〜に至るまで」と訓読する。「〜から〜まで」という意味になる。

例　始養老四年至神亀五年、

↓　養老四年より始めて神亀五年に至るまで、

＝　養老四年から神亀五年まで、

⑨「許」　↓　もと

直前に体言および「之」をともない、「〜之許」という形で用いられることが多い。「〜のもとに」「〜のところに」という意味になる。「元」に同じ。

例1　遣弥四郎之許了、
↓　弥四郎の許に遣わし了んぬ、
＝　弥四郎のところに遣わした。

例2　罷向為義之許、
↓　為義の許に罷り向かう、
＝　為義のところに向かった。

⑩「許」・「計」↓　ばかり

古文の副助詞「ばかり」に同じ。直前に体言がきて、「〜だけ」という意味になる。

例　是則非顧私之方計、
↓　これ則ち、私の方ばかりを顧みるにあらず、
＝　これは、私の方に都合の良いことだけを言っているのではない。

⑪「為」↓　として

直後に体言がきて、「〜として」という意味になる。

例1　為私沙汰、
↓　私の沙汰として、
＝　私的な処置として、
例2　為彼為此、
↓　彼として此として、
＝　あれもこれも、
例3　頭経高朝臣、為院御使参上、
↓　頭《とうの》経高朝臣、院の御使として参上す、
＝　蔵人頭の経高朝臣が院の使者として参上した。

⑫「為」↓～ため（に）・～がため

直後に体言がくる場合は、「～のために」「～によって」という意味になる。直後に活用語がくる場合は、「～んがため」と訓読する。「ん」は意志の助動詞である。この場合は「～するため」「～しようとして」という意味になる。

例1　為彼、被生害了、

↓　彼の為に生害せられ了んぬ、
＝　彼によって殺された。

例2　為京上、払暁起床了、
↓　京上せんがため、払暁に起床し了んぬ、
＝　京都に行くため、早朝に起床した。

例3　為賜恩賞、捧申状者也、
↓　恩賞を賜らんがため、申状を捧ぐるものなり、
＝　恩賞を頂こうと思い、申状を提出する次第である。

例4　仍為後日、譲状如件、
↓　仍って後日のため、譲状件の如し、
＝　よって後日の証拠のため、譲状は以上の通り。

⑬「於～者」↓　～においては

体言をはさんで、「～については」という意味になる。

例1　於有違犯之輩者、

↓　違犯の輩、有るにおいては、
＝　違反する人間がいる場合については、

例2　若於申懸無謂之儀者、
↓　若し、謂われ無きの儀を申し懸くるにおいては、
＝　もしいわれの無いことを強制するような場合については、

例3　訴訟事、於　公家者、可有裁許之　叡慮也、
↓　訴訟の事、公家においては、裁許あるべきの叡慮なり、
＝　訴訟の事について、公家の側では裁許すべきとの天皇のお考えである。

例4　但於彼敷地并料所者、為根本一円神領之処、
↓　但し彼の敷地ならびに料所においては、根本一円神領たるのところ、
＝　ただし、その敷地および料所については、昔から全面的に神社領なのに、

⑭**「至〜者」　↓　〜にいたりては**

体言をはさんで、「〜については」という意味になる。「於〜者」が一つの事項だけを想定しているのに対し、すでに別な事項が存在した上で、もう一つを述べるような場合に使用される。

「至」の直後に前掲②の「于」が入る場合もあるが、訓読は変わらない。

例1　至彼例者、

↓　彼の例に至りては、

＝　その例については、

例2　至于其子孫者、

↓　其の子孫に至りては、

＝　その子孫については、

例3　若不拘制法、至及喧嘩之輩者、可注進交名、

↓　もし制法にかかわらず、喧嘩に及ぶの輩に至りては、交名を注進すべし、

＝　もし法にかかまわず、喧嘩におよぶ人々については、名簿を提出せよ。

⑮「～之刻」・「～之剋」　↓　**～のとき**（「刻」には「きざみ」という訓みもある）

直前に文節をともない、「～の時」「～した時」という意味になる。

例　失面目之刻、

↓　面目を失うの刻（とき・きざみ）、

＝　面目を失った時、

⑯「～之際」↓　～のきわ

前項⑮と同様に「～の時」「～した時」という意味になるが、時間をより限定したニュアンスをもつ。

例　被仰下候之際、面目無極候、

↓　仰せ下され候の際、面目極まり無く候、

＝　仰せ下された時には、光栄なことでございました。

⑰「～之砌」↓　～のみぎり

前項⑯とほぼ同じく、動作が行われた時間を限定して「～した時」という意味になる。

【演習問題 四】 修飾語・修飾節

A 基礎演習 副詞として使用する、以下の漢字の読みを選択肢から選びなさい。

問一 「適」

1. てきして 2. かないて 3. たまたま 4. あいて

問二 「并」

1. ならびに 2・あわせて 3. へいして 4. さりながら

問三 「弥」

1. やや 2. いよいよ 3. たまたま 4. みて

問四 「偏」

1. かたよりて 2. へんして 3. ひとえに 4. あまねく

問五 「聽」

1. かわして 2. しつけて 3. おうじて 4. やがて

問六 「動」

1. ややもすれば 2. うごきて 3. ゆるぎて 4. どうじて

問七「具」
1．ともに　2．ぐして　3．つぶさに　4．まことに

問八「寔」
1．ここに　2．まことに　3．たしかに　4．なお

問九「慥」
1．たしかに　2．まことに　3．いつわりて　4．ただに

問十「輙」
1．ひさしく　2．あながちに　3．ただに　4．たやすく

B　応用演習　以下に挙げる副詞の読みと意味について、正しい組み合わせを選びなさい。

問一「白地」
1．読み＝しろじに　意味＝白く
2．読み＝しろじに　意味＝ちょっと
3．読み＝あからさまに　意味＝仮に
4．読み＝あからさまに　意味＝おおっぴらに

問二「慭」

1. 読み＝ほしいままに　意味＝好き勝手に
2. 読み＝ほしいままに　意味＝そのまま
3. 読み＝なまじいに　意味＝生意気に
4. 読み＝なまじいに　意味＝中途半端に

問三「淵底」

1. 読み＝えんてい　意味＝すっかり
2. 読み＝ふちそこ　意味＝すっかり
3. 読み＝えんてい　意味＝底まで
4. 読み＝ふちそこ　意味＝徹頭徹尾

問四「爰」

1. 読み＝ひめて　意味＝隠して
2. 読み＝かく　意味＝こうして
3. 読み＝かく　意味＝隠して
4. 読み＝ここに　意味＝ここにおいて

問五「争」
1. 読み＝いかでか　意味＝どうして〜だろうか？
2. 読み＝なんぞ　意味＝なぜ？
3. 読み＝あらそいて　意味＝あらそって
4. 読み＝いずくんぞ　意味＝どこに

問六「恣」
1. 読み＝ほしいままに　意味＝ほしいままに、勝手に
2. 読み＝ことごとく　意味＝ことごとく、すべて
3. 読み＝なまじいに　意味＝中途半端に
4. 読み＝かたじけなく　意味＝有難く、勿体なく

問七「尤」
1. 読み＝なく　意味＝無い状態で
2. 読み＝ゆうに　意味＝まさに、非常に
3. 読み＝しかし　意味＝しかし
4. 読み＝もっとも　意味＝最も、非常に

問八「弥」

1. 読み＝はなはだ　意味＝はなはだ、非常に

2. 読み＝やや　意味＝やや、多少

3. 読み＝やや　意味＝さらに

4. 読み＝いよいよ　意味＝いよいよ、ますます

問九「故」

1. 読み＝ことさらに　意味＝特に

2. 読み＝もとに　意味＝もとにして

3. 読み＝ことに　意味＝さらに

4. 読み＝まさに　意味＝今まさに

問十「併」

1. 読み＝もし　意味＝もし〜ならば

2. 読み＝しかしながら　意味＝それにしても

3. 読み＝あわせて　意味＝それと同時に

4. 読み＝あわせて　意味＝一緒に、ともに

Ⅳ 接続語・接続部

（1）接続詞的に用いられる語

ここでは、主に文頭にきて、前の文との論理的つながりを示す語を挙げる。

⒜ 順接的な接続

仍（よって）＝したがって、そこで

例　今日除服御教書到来、仍出仕、（『薩戒記』応永三十一年七月六日条）

↓今日除服の御教書到来す、よって出仕す、

＝今日、服喪を終了させるとの御教書が届いた。そこで、内裏に出仕した。

随而（したがいて）＝したがって

例　壱岐判官下向事　同意義経行家等者也、随而無別仰、此上可進上歟事、

↓　壱岐判官下向の事　義経・行家らに同意する者なり、随いて別の仰せ無し、この上、進上すべきかの事、（『吾妻鏡』文治三年八月廿七日条）

＝　壱岐判官の下向については、義経・行家らに同意したものである。したがって、特別な命令はなく、この上、進上すべきかどうかという事について、

随則（したがいてすなわち）＝　したがって

例　仍親経・茂永・基信等、為嫌疑人令禁其身、随則為決嫌疑之真偽、（『師守記』貞治二年二月十五日条）

↓　よって親経・茂永・基信等、嫌疑人としてその身を禁ぜしむ、随いて則ち、嫌疑の真偽を決せんがため、

＝　よって、親経・茂永・基信らは、容疑者としてその身を拘束した。したがって、容疑の真偽を決するために、

随又（したがいてまた）＝ したがってまた

例　殺生之誡、厳制重畳、随又去年十二月殊被下糸綸畢、

（『吾妻鏡』文治四年八月卅日条）

→殺生の誡め、厳制重畳す、随いて又、去年十二月殊に糸綸を下され了んぬ、

＝殺生の禁断は、従来から厳しい法令が出されている。したがってまた、去年十二月、特別に綸旨（天皇の命令）が下された。

因茲（ここにより）＝ これによって

例　以前十三箇所者、隆職・国宗二代之間、由緒相伝之地也、因茲、雖非当知行之、所々存知之分際、粗所注進也、

（『鎌遺』三〇三九号、官中便補地由緒注文案）

→以前十三箇所は、隆職・国宗二代の間、由緒相伝の地なり、茲に因り、之を当知行するにあらずと雖も、所々存知の分際、粗《あらあら》注進するところなり、

＝先の十三箇所は、隆職・国宗の二代にわたって相続・所有してきた土地である。これによって、現在その土地をおさえてはいないが、人々が所有の事実を知っているということについて、概略を申し上げるものである。

即・則（すなわち）＝すなわち。つまり。そこで

例　所詮悔先非、可書進誓文於熊野牛王裏、然者可免許之由、被示之間、為其来臨、則四箇条被書告文、（『師守記』貞治六年六月廿五日条）

↓所詮、先非を悔い、誓文を熊野牛王の裏に書き進《まい》らすべし、然らば免許すべきの由、示さるるの間、そのために来臨す、則ち四箇条の告文を書かる、

＝結句、以前の非を悔い改め、熊野牛玉宝印の裏に起請文を書いて提出せよ。そうすれば許すとのことを示されたので、そのためにやって来られた。そこで、四箇条の起請文をお書きになった。

者（てへれば）＝そうであるので

例　為棄命於軍旅、進発上者、雖不被申鎌倉、有何事乎、者遂以扈従云々、（『吾妻鏡』承久三年五月二十五日条）

↓命を軍旅に棄てんがため、進発する上は、鎌倉に申されずと雖も、何事か有らんや、てへれば遂に以て扈従すと云々、

＝　命を戦陣に捨てるために出発した上は、鎌倉にことわっていなくとも、何か問題があるだろうか。ということで、とうとう軍に付き従ったという。

然者（しからば・しかれば）＝　そうであるならば。そうである以上は

※未然形「しからば」の場合は仮定条件、已然形「しかれば」の場合は確定条件。

例　仰云、然者早可勘当、（『中右記』永久二年七月六日条）

↓　仰せて云わく、然れば早く勘当すべし、

＝　命じられていうには、「そうである以上は早く勘当せよ」。

然則（しかればすなわち）＝　そうであるので当然

例　然則守護人者、三箇条之外、不可致過分之沙汰、（『中世法制史料集』一、鎌倉幕府法三十一条）

↓　然れば則ち、守護人は、三箇条のほか、過分の沙汰を致すべからず、

＝　そうであるので当然、守護は（大犯）三箇条の他について、出過ぎた処分を下してはいけない。

然間・而間（しかるあいだ）＝　そうであるので

例　今度火事ニ家記太略紛失云々、然間被借用歟、

（『後法興院政家記』明応九年十月九日条）

↓　今度の火事に、家記太略紛失すと云々、然る間、借用せらるるか、

＝　今回の火事で家記（代々の日記）がほとんど失われてしまったという。そうであるので、他から借用されたのであろうか。

(b)　逆接的な接続

而（しかるに。しかるを）＝　それなのに

例　中宮大進兼隆自本所被挙之、而不許、勿論事也、

（『玉蘂』承元五年九月八日条）

↓　中宮大進兼隆、本所より之を挙げらる、しかるに許さず、勿論の事なり、

＝　中宮大進の兼隆が本所から推薦を受けた。それなのに、許されなかった。それは仕方のない事である。

然而（しかれども）＝**それなのに**

例　予蒙催、然而不参、（『平戸記』寛元二年七月三日条）

↓予、催しを蒙る、しかれども参らず、

＝私は誘いを受けた。それなのに、参らなかった。

雖然（しかりといえども）＝**そうではあっても**

例　其子細、委先年、受坊城右中弁俊国之口伝了、雖然、重又今日、授世尊寺三品之家説了、（『康富記』嘉吉二年十月九日条）

↓その子細、委《くわ》しく先年、坊城右中弁俊国の口伝を受け了んぬ、然りと雖も、重ねてまた今日、世尊寺三品の家説を授かり了んぬ、

＝その事については、先年に詳しく、坊城右中弁俊国の口伝を受けた。そうではあっても、今日また重ねて、世尊寺三品の家説を授かった。

(C) 転　換

夫（それ）＝　そもそも

例　夫高野山者、秘教相応之霊地、名称普聞之浄域也、

（『鎌遺』一二三〇号、後白河法皇起請文）

↓　夫れ高野山は、秘教相応の霊地、名称普聞の浄域なり、

＝　そもそも高野山は、密教にふさわしい霊地であり、その名は天下に聞こえた清浄な領域である。

原夫（もとそれ）＝　そもそも。根源的に

例　原夫笠置寺者、古先帝代所草創也、

（『鎌遺』一四八四号、沙門貞慶敬白文）

↓　原夫れ、笠置寺は、古《いにしえ》の先帝の代に草創する所なり、

＝　そもそも笠置寺は、古代の先帝の代に草創されたものである。

抑・夫（そもそも）＝　そもそも。ところで

例　次召大内記、令撤筥、北門儀如恒云々、抑内記役事、奉行職事宣命送官務被示云、六位史可令勤内記代云々、

（『康富記』宝徳元年九月十一日条）

↓次いで大内記を召し、筥《はこ》を徹せしむ、北門の儀、恒の如しと云々、抑も内記役の事、奉行職事、宣命を官務に送り示されて云く、六位史、内記の代を勤めしむべしと云々、

＝次に大内記を召し、筥を下げさせた。北門の儀については、いつもの通りだという。ところで、内記役の事について、奉行・職事が宣命を官務に送り、内容を示されていうには「六位史が内記の代わりを勤めよ」とのことであった。

※「夫」「原夫」は世俗的な文章ではほとんど用いられず、概して宗教的な文章の冒頭に用いられる。「抑」は日記において、文章の転換に多用される。

(d) 条件付け

但（ただし）＝ただし

例　近日、御痢病云々、但人以猶不信歟、（『吉記』安元二年六月十三日条）

↓近日、御痢病と云々、但し人以て猶《なお》不信か、
＝近日、御痢病を患っているそうだ。ただし、人々は信じていないだろうか。

猶（なお）＝**なお**

例　彼死人未気絶之由、下人称之由雖申之、委細被尋之処、猶不慥之間、先被定穢、（『花園天皇宸記』元弘元年十一月十六日・十七日条）

↓彼の死人、未だ気絶せざるの由、下人称するの由、之を申すと雖も、委細尋ねらるるの処、猶慥かならざるの間、先ず穢れと定めらる、

＝「その死人はまだ息絶えていない」と下人が称していると申したが、委細を尋ねてみてもなお不確かなので、まず穢と定めた。

(e) 追　加

其上（そのうえ）＝**その上**

例　其上、今更不可及沙汰歟、（『民経記』文永四年三月二日条）

↓　其の上、今更、沙汰に及ぶべからざるか、
＝　その上、今さら他の方法をとるべきではないだろう。

剰（あまつさえ）＝　それだけでなく、さらに

例　剰奉違背御教書歟、無其謂之由、
（『鎌遺』九六七八号、某書状）

↓　剰え御教書に違背し奉るか、その謂われ無きの由、
＝　さらに御教書に違反し申し上げるのか。その謂われはないということ(を)

加之（これにくわうるに・しかのみならず）＝　それだけでなく、さらに

例　当村為社領、済年貢之条已承伏畢、加之、其身為社官、従社命之条、無異論歟、
（『鎌遺』一八九〇〇号、関東下知状案）

↓　当村、社領として、年貢を済するの条、已に承伏し了んぬ、しかのみならず、其の身、社官として社命に従うの条、異論無きか、
＝　当村が神社領として年貢を支払うということは、すでに承知した。それだけでなく、人々が社官として神社の命令に従うということも、異論がない

だろうか。

固・本自（もとより）＝　もともと。もとから〜であるのに加えて

例　本自、庶幾候事候、（『鎌遺』一六七六九号、信空書状）

↓　本自り、庶幾《こいねが》い候事に候、

＝　もともと、願っていたことでございます。

将又（はたまた）＝　さらにまた、あるいはまた

例　国栖・立楽等被停止可被行哉、将又再興之間、如法可被行哉、（『実隆公記』延徳二年正月九日条）

↓　国栖・立楽等停止せられ、行わるべきか、将又再興の間、如法に行わるべきか、

＝　国栖・立楽等はやめて、その儀礼を行うべきか、あるいはまた、儀礼が再興されたので、形式に則って行うべきか。

兼又（かねてまた）＝**さらにまた**

例　如此事、委細注別紙令進候、殊可得御意候也、兼又譲与徴安門院之分五个所〈目六注別紙〉、無牢籠之様、可有執御沙汰候、

（「伏見宮所蔵文書」花園院処分状）

↓　かくの如き事、委細別紙を注し進《まい》らしめ候、殊に御意を得べく候なり、兼ねて又、徴安門院に譲与するの分五个所〈目六別紙に注す〉、牢籠無きの様、執《とり》御沙汰あるべく候、

＝　以上のような事につき、委細を別紙に記して提出いたします。特にご納得頂きたく存じます。さらにまた徴安門院に譲与した五箇所の土地〈目録は別紙に記す〉について、支障のないようお取り成しを願います。

若又（もしまた）＝**もし。もしさらに。あるいは**

例　謂御飢者、若又御心労歟、

（『小右記』長和三年十月十七日条）

↓　御飢と謂うは、若し又、御心労か、

＝　御飢というのは、あるいは御心労であろうか。

(f) 弁別

就中（なかんずく）＝ **とりわけ。その中でも特に**

例　自来月五日、可令参勤之由、謹承了、就中天明以前退出、不可然之旨、同可存知候也、（『薩戒記』応永三十年五月廿八日条）

↓　来月五日より、参勤せしむべきの由、謹みて承り了んぬ。就中、天明以前に退出、然るべからざるの旨、同じく存知すべく候なり、

＝　来月五日から勤めよとのことは、謹んで承知いたしました。とりわけ、夜が明ける以前の退出は禁ずる、とのことも同じく承知いたしました。

（2）接続助詞的に用いられる語

ここでは、前後に文節をともない、後の文と接続させる語を挙げる。

①「者」→～ば

古文の接続助詞「ば」に同じ。直前の活用語を未然形として訓読する場合は、仮定条件「～ならば」、已然形の場合は確定条件「～したところ」「～してみると」「～なので」の意味になる。ただし、後者は後掲④「～之間」および⑥「～之処」で代替されることが多い。

例1　若有違犯之輩者、
　→若し違犯の輩有らば、
　＝もし違反する人間がいたら、

例2　不能申之者、
　→之を申す能わずば、
　＝これを申すことができないならば、

例3　事実者、
　→事、実《じち》ならば（たらば）、
　＝事が本当ならば、

②「雖」→～といえども

直後に体言または文節をともない、「～ではあっても」という逆接の意味になる。訓読する場合は直前に「と」を補う。したがって、その前にくる活用語は終止形になる。「雖」の字自体は、漢字で記してもひらがなで記してもよい。

例1　雖関白、　→関白と雖も、　＝関白であっても、

例2　雖為何人、　→何人たりと雖も、　＝いかなる人であっても、

例3　雖免除、　→免除すと雖も、　＝免除したとはいっても、

例4　雖不能黙止、　→黙止する能わずと雖も、　＝黙止しがたいとはいっても、

例5　雖不可叶、

↓　叶うべからずと雖も、

＝　かなうものではないといっても、

例6　雖可被還補、

↓　還補せらるべしと雖も、

＝　再任すべきであるとはいっても、

例7　件寺者、雖為古寺、

↓　件の寺は、古寺たりと雖も、

＝　その寺は古寺であるとはいっても、

※「雖」は必ず下から返って訓読するが、時代が下るにつれ、文節の後に「共」をつけて、古文の接続助詞「〜とも」「〜ども」と同じ働きをさせる場合が多くなる。直前に補助動詞「候」がくる場合は「得《え》」を用いて已然形に活用させることもある。

例1　一旦者致承知共、

↓　一旦は承知致すとも、
＝　一旦は承知したが、

例2　難黙止候得共、
↓　黙止し難く候えども、
＝　黙止しがたいとはいっても、

③「乍」↓～ながら

直後に体言または活用語の連用形がくる。意味は「～でありながら」「～とは承知しながら」「～しておきながら」。

例1　乍去、
↓　さりながら、
＝　そうではあるが、

※本来は「去」でなく「然」を使うべきであるが、同音（「さり」）のため、慣用される。

例2　乍参差、
↓　参差ながら、
＝　違ってはいるが、

例3　乍非礼、
↓　非礼ながら、
＝　非礼とは知りながら、

例4　乍出請取文、
↓　請取文を出しながら、
＝　請取文を提出しておきながら、

例5　乍称人於凡下、
↓　人を凡下と称しながら、
＝　人のことを凡下の身分と称しておきながら、

④「間」→　～のあいだ

直前に「之」をともない、前の文節に接続する。「之」に接続するため、直前には体言がくる。意味は「～なので」「～したので」。

例1　余無力之間、

↓　余りに無力の間、

＝　あまりに無力なので、

例2　全不覚悟之間、

↓　全く覚悟せざるの間、

＝　まったく記憶にないので、

⑤「故」↓　～のゆえ

直前に「之」をともない、前の文節に接続する。「之」に接続するため、直前には体言がくる。意味は「～なので」「～の理由で」。

例1　甚窮屈之故、

↓　甚だ窮屈の故、

＝　非常に不自由なので、

例2　全不存知之故、

↓　全く存知せざるの故、
＝　まったく存知しないので、

⑥「処」↓　～のところ

直前に「之」をともない、前の文節に接続する。「之」に接続するため、直前には体言がくる。意味は「～したところ」。

例1　露見之処、
↓　露見するの処（露見の処）、
＝　露見したところ、

例2　令参上之処、
↓　参上せしむるの処、
＝　参上してみると、

⑦「条」↓　～のじょう

直前に「之」をともない、前の文節に接続する。「之」に接続するため、直前には体言がくる。意味は文脈によって変化が大きいが、主として「～してみると」「～ではあるが」など。この意味の場合、前項⑥を用いることが多い。この他、「～なので」などもある。

例1　参上之条、陣所者無人也、
↓参上するの条、陣所は無人なり、
＝参上してみたが、陣所に人がいなかった。

例2　遁虎口之条、更逢狼牙了、
↓虎口を遁るるの条、更に狼牙に逢い了んぬ、
＝虎口（危ない場面）は逃れたが、また狼牙（危ない場面）にあった。

例3　為勅願、被行御八講之条、無所見之由申之、
↓勅願として御八講を行わるるの条、所見無きの由、之を申す、
＝天皇の勅願として法華八講を行われることは先例が無い、と申した。

⑧「上」↓～のうえ

直前に「之」をともない、前の文節に接続する。「之」に接続するため、直前には体言がくる。「～の上に」「～した上で」という意味になる。直後に「者」がくる場合は「～の上は」と

訓読し、「~である限り」「~した以上は」の意味になる。

例1　吟味之上、可被加成敗也、
　↓　吟味の上、成敗を加えらるべきなり、
　＝　吟味した上で、処分を下されるべきである。

例2　天変相頻之上、客星已出、
　↓　天変相頻りの上、客星已に出づ、
　＝　天変がしきりに起こる上に、彗星が出現した。

例3　被仰出之上者、可執行者也、
　↓　仰せ出さるるの上は、執行すべきものなり、
　＝　ご命令があったのだから、執行すべきである。

【演習問題 五】 総復習

◆以下に挙げる変体漢文を訓読しなさい。

問一　可申之条

問二　被申之由

問三　令申之間

問四　可被令申之処

問五　不可申之旨

問六　不可被申之事

問七　可被出状之由

問八　可令申給候

問九　可令洩申給候也

問十　可令披露給候

問十一　可参之由

問十二　被出状之間

問十三　可申子細之旨

問十四　不出頭之条

問十五　可被行検注之由

問十六　可令披露之状

問十七　可有沙汰之事

問十八　不可有違乱之由

問十九　不可令出仕之間

問二十　不可致乱妨之条

問二十一　若致違犯者

問二十二　於違犯者

問二十三　至違犯者

問二十四　有違犯者

問二十五　於違犯之輩者

問二十六　於有違犯之輩者

問二十七　若至有違犯之輩者

問二十八　若至有致違犯之輩者

問二十九　若於有致違犯之輩者

問三十　若於有違犯之時者

演習問題《解答》

【演習問題 一】 主語・主部

訓読／現代語訳

① 申すべきの条／申すべきであるということは

② 出頭せざるの条／出頭しないということは

③ 披露せしむべきの条／披露するべきであるということは

④ 乱妨を致すべからざるの条／乱暴をしてはいけないということは

⑤ 無沙汰の段／何もしないということは

⑥ 仰せ出さるるの趣／仰せ出された内容は

⑦ 沙汰を致すの篇／（何かを）するということは

⑧ 訴訟を申すの段は／訴訟するということは

⑨ この状の趣は／この文書の内容は

⑩ 知行を全《まっと》うすべきの状／土地の支配を全うせよとのことは

【演習問題二】 述語・述部

A 基礎演習

①申さるべし ②申さるべからず ③申さしむべし ④申さしむべからず ⑤申さしめらるべし ⑥申さしめらるべからず ⑦射しむべし ⑧管領せしむべし ⑨駆けしむべし ⑩宛てしむべし

B 応用演習

① 往古、八幡宮を以て氏神となすの条、所見あるべからずと云々、この事、なお不審の事なり

② 然れば、彼の例に任せ、造らるべきかの由、勅定に候

③ 前《さき》の大相国の長女、上皇に入れらるべきの由、上皇示し給う所なり

④ 御号の事、甘露寺何事に候や、其の地を管領せしめ給はず、御斟酌、尤も其の謂われに候

⑤ 今日、還御以前、常御所已下の所々の掃除の事、奉行する所なり

⑥ 後に聞く、禅閤この日薨逝す、満八十、老年の御事といえども、日本無双の才人なり、すでに日月の明りを失うか

⑦ 少将具氏を以て仰せられていわく、常御所の南面の方へ参るべし、てへり、則ち参入す、何事沙汰あるべきかの由仰せらる

⑧ 京都の飛礫は、なお以て狼藉の基として、固く禁遏《きんあつ》を加うべきの由、前武州禅室、執権の時、その沙汰、六波羅に仰せられ了んぬ

【演習問題 三】 文書の書き止め文言

① 神護寺灌頂阿闍梨の事、存知せしめ給うべし、てへり、天気に依り、上啓件の如し

② 贈后御八講結願、参仕し給うべし、てへり、御気色に依り、上啓件の如し

③ 武蔵法花寺当知行地の事、聞《きこ》し食《め》され畢《おわ》んぬ、僧衆その旨を存ずべし、てへり、天気かくの如し、これを悉くせよ、以て状す

④ 筥崎宮の事、摂政家の下文を召し取りこれを遣《つかわ》す、てへり、御気色に依り、執達件の如し

⑤ 専修念仏興行の輩、停止すべきの由、五畿七道に宣下せられ候らい畢んぬ、かつがつ御存知有るべく候、てへり、綸言かくの如し、これを悉くせよ

⑥ 件の道清、宜《よろ》しく彼の宮の検校として、執行せしむべし、てへり、府宜しく承知し、

宣に依りこれを行なえ、符到らば奉り行なえ

⑦ 今、状を以て牒す、牒到らば状に准ぜよ、故《ことさら》に牒す

⑧ 実勘に依りこれを糺《ただ》せ、今、具状を録し、以て牒す

⑨ 牒を進《まい》らすこと件の如し、謹みて牒す

⑩ 右、件の人、宜しく大祢宜の職として、社務に従うべきの状、仰する所件の如し、神官等承知し、違失すべからず、故に下す

⑪ 今明両年、その節を閣《さしお》くべきの由、宜しく五畿七道に仰すべし、てへり、諸国承知し、宣に依りこれを行なえ

⑫ 疎略を得ず、故に告す

⑬ 所詮、無道の訴訟を停《とど》められ、道理に任せ、御裁断を蒙《こうむ》らんと欲す、仍《よ》って状を勒し、以て解す

⑭ 但し、或いは遺言、或いは本券を留むと雖も、彼れ此れ、件の文契を以て実となすのみ

⑮ 准拠の例、所見、斯《か》くの如し、仍って勘《かんが》え（勘じ）申す

【演習問題 四】 修飾語・修飾節

A 基礎演習

問一 3 問二 1 問三 2 問四 3 問五 4 問六 1 問七 3 問八 2

問九 1 問十 4

B 応用演習

問一 3 問二 4 問三 1 問四 4 問五 1 問六 1 問七 4 問八 4

問九 1 問十 2

【演習問題 五】 総復習

問一 申すべきの条

問二 申さるるの由

問三 申さしむるの間

問四 申さしめらるべきの処

問五 申すべからざるの旨

問六 申さるべからざるの事

問七　状を出さるべきの処
問八　申さしめ給うべく候
問九　洩れ申さしめ給うべく候なり
問十　披露せしめ給うべく候
問十一　参るべきの由
問十二　状を出さるるの間
問十三　子細を申すべきの旨
問十四　出頭せざるの条
問十五　検注を行わるべきの由
問十六　披露せしむべきの条
問十七　沙汰あるべきの事
問十八　違乱あるべからざるの由
問十九　出仕せしむべからざるの間
問二十　乱妨を致すべからざるの条
問二十一　若し違犯を致さば

問二十二　違犯においては（違犯するにおいては）

問二十三　違犯に至りては（違犯するに至りては）

問二十四　違犯有らば

問二十五　違犯の輩においては

問二十六　違犯の輩有るにおいては

問二十七　若し（も）違犯の輩有るに至りては

問二十八　若し違犯を致すの輩有るに至りては

問二十九　若し違犯を致すの輩有るにおいては

問三十　若し違犯有るの時においては

後　記

変体漢文の訓読は、文意の理解（史料解釈）という点でも、歴史学の研究にとって必要不可欠の作業である。そのことは、自明の理であろう。しかし従来、そのための教育プログラムというものは、目に見えるかたちで提示されていなかった。

例えば、「令申」という文字列があるとする。これを「申さしむ」と読むか、「申せしむ」と読むか。正解は前者だが、後者の読みをする研究者も多い。「申す」をサ行変格活用の動詞と解釈しているのだろう。この時、「『申す』は四段活用の動詞で、『令』は助動詞『しむ』に相当し、接続する動詞には未然形を要求する。したがって『申さしむ』と読むのがよい」と説明できる人間は少ない。筆者もふくめて、研究者は、多くの変体漢文を読んでいながら、それを文法によって理解するという作業をなおざりにしてきたようである。

現在、古文書読解のための入門書は、数多く出版されている。変体漢文に対して訓読文をつけたものも存在するが、「何故そう読めるのか」という点にまで立ち入ったものは見かけたことがなかった。そうした状態で、「変体漢文の訓読には、『慣れる』しかない」と初学者に押しつけるのは、教える側からして非常に心苦しいものがある。

長年のそうした懸念に衝き動かされて、筆者は本書の執筆を手がけることにした。これはもともと、非常勤講師をつとめていた聖徳大学における授業で試用したものが原型となっている。はじめはプリント一枚程度のものであったが、さらに品詞別に配列し、文例を挿入することで、分量は格段に増加していった。のち就実大学に勤務することになり、学部一・二年次における導入教育として、変体漢文の文法的理解が不可欠であることを痛感した。内容を試験的に冊子の形態にして学生に配布したが、その効果については我ながら心もとない状態が続いていた。

ところが、日本史史料研究会の方々に冊子の内容を話したところ、幸運かつ光栄にも出版の慫慂を得ることができた。さらに、新たな文例の収集にあたっては、ワーキング・グループまで組んで頂き、内容はさらに充実したものとなった。一年近くその作業に当たられたのは、石井伸宏・伊藤瑠美・太田まり子・大塚未来・角田朋彦・野村朋弘の各氏である。また編集や出版までの手続きについては、生駒哲郎氏および太田まり子氏の御手を煩わすことになった。末筆ながら、右の方々にここで感謝を申し上げたい。

筆者の前著は『荘園社会における宗教構造』（校倉書房、二〇〇四年）であったが、まさか二冊目の著書が教育関係のものになるとは、自分でも予想していなかった。かつて自分が不惑を迎えたことも（情けないことに）大きな驚きではあったが、今はそれ以上に人間の活動と運命の不思議さというものを実感している。

二〇一四年十二月末日

苅米　一志

如（ごとし）	欲（ほっす）	擬（ぎす）	莫・勿（なかれ）	候（そうろう）	給（たまう）
ごとからず	ほっせず	ぎせず	ざるなかれ	そうらわず ～ずそうろう	たまわず
○	ほっすべし	ぎすべし	なかるべし	そうろうべし べくそうろう	たまうべし
るるがごとし らるるがごとし	ほっせらる られんとほっす	ぎせらる られんとぎす	るるなかれ らるるなかれ	れそうろう られそうろう	れたまう られたまう
ごとからしむ しむるがごとし	ほっせしむ しめんとほっす	ぎせしむ しめんとぎす	なからしむ しむるなかれ	しめそうろう	しめたまう
たるがごとし	たらんとほっす	たらんとぎす	たるなかれ	○	○
	ごとからんとほっす ほっするがごとし	ごとからんとぎす ぎするがごとし	なかるがごとし	ごとくそうろう	たまうがごとし
ごとからんとほっす ほっするがごとし		○	ほっするなかれ	ほっしそうろう	たまわんとほっす ほっしたまう
ごとからんとぎす ぎするがごとし	○		ぎするなかれ	ぎしそうろう そうらわんとぎす	ぎしたまう たまわんとぎす
なかるがごとし	ほっするなかれ	ぎするなかれ		そうろうなかれ	たまうなかれ
ごとくそうろう	ほっしそうろう そうらわんとほっす	ぎしそうろう そうらわんとぎす	そうろうなかれ		たまいそうろう そうらいたまう
たまうがごとし	たまわんとほっす ほっしたまう	ぎしたまう たまわんとぎす	たまうなかれ	たまいそうろう そうらいたまう	

存在可能でも、ほとんど使用されない形も含む。
わる場合も示してあるが、理論的に存在しない場合は省略した。

表　主要な助動詞・補助動詞の複合的な使用と接続のしかた

	不（ず）	可（べし）	被（る・らる）	令（しむ）	為（たり）
不		べからず	れず・られず	しめず	たらず
可	べからず		るべし らるべし	しむべし	たるべし
被	れず られず	るべし らるべし		しめらる	たらる
令	しめず	しむべし	しめらる		たらしむ
為	たらず	たるべし	たらる	たらしむ	
如	ごとからず	○	るるがごとし らるるがごとし	ごとからしむ しむるがごとし	たるがごとし
欲	ほっせず	ほっすべし	ほっせらる られんとほっす	ほっせしむ しめんとほっす	たらんとほっす
擬	ぎせず	ぎすべし	ぎせらる られんとぎす	ぎせしむ しめんとぎす	たらんとぎす
莫・勿	ざるなかれ	なかるべし	るるなかれ らるるなかれ	なからしむ しむるなかれ	たるなかれ
候	そうらわず 〜ずそうろう	そうろうべし べくそうろう	れそうろう られそうろう	しめそうろう	○
給	たまわず	たまうべし	れたまう られたまう	しめたまう	○

※　助動詞や補助動詞が複合的に使用される場合の接続のしかたを掲げた。理論上は
※※各枡目には、異なる助動詞・補助動詞の組み合わせが入っている。前後が入れ替

頭字索引

本文で採り上げた用字の頭字を音読みで配列した。

ア行

以　イ……51, 102, 128
依　イ……137
已　イ……120
為　イ……32, 63, 142, 143
移　イ……87
一　イチ……115
因　イン……137, 156
于　ウ……135
有　ウ……50, 54
云　ウン……36, 80
亦　エキ……106
淵　エン……115
爰　エン……127
於　オ……101, 135, 144
応　オウ……131
聴　オウ……117

カ行

乎　カ……77
仮　カ……130
加　カ……164
可　カ……57
過　カ……53
解　カイ……90
擱　カク……42
閣　カク……42
勘　カン……92
官　カン……88
肝　カン……47
間　カン……172
其　キ……163
既　キ……120
記　キ……93
綺　キ……41
宜　ギ……132
擬　ギ……32, 68
乞　キツ……38
訖　キツ……72
急　キュウ……114
給　キュウ……74
許　キョ……141, 142
強　キョウ……124
仰　ギョウ……35
謹　キン……126
憖　ギン……125
具　グ……39, 122
倶　グ……122
下　ゲ……88, 89

解　ゲ……40, 92
掲　ケイ……48
計　ケイ……142
結　ケツ……130
兼　ケン……166
券　ケン……91
原　ゲン……161
堅　ケン……114
遣　ケン……38
固　コ……165
故　コ……110, 173
御　ゴ……89
候　コウ……34, 71
更　コウ……111
告　コク……89
忽　コツ……118

サ　行

乍　サ……171
左　サ……47
沙　サ……33
参　サン……51
暫　ザン……119
之　シ……146, 147
仕　シ……34
恣　シ……123
旨　シ……104
至　シ……140, 145
而　ジ……78, 159
耳　ジ……78
自　ジ……139
悉　シツ……113
執　シツ……42
実　ジツ……49
寔　ジツ……123
者　シャ……17, 79, 157, 168
若　ジャク……131, 166
殊　シュ……110
趣　シュ……21
就　シュウ……136, 167
従　ジュウ……139
重　ジュウ……108
且　ショ……109
処　ショ……174
所　ショ……76, 129
如　ジョ……45, 127
倘　ショウ……37
将　ショウ……131, 165
縦　ショウ……130
詔　ショウ……84
上　ジョウ……175
仍　ジョウ……154
剰　ジョウ……164
定　ジョウ……93
状　ジョウ……19, 105
条　ジョウ……18, 174
進　シン……38
申　シン……34, 44
甚　ジン……112
須　ス……132
雖　スイ……160, 168
随　ズイ……154, 155, 156
施　セ……93
請　セイ……38

宣　セン…… 35
漸　ゼン…… 119
然　ゼン…… 158, 159, 160
粗　ソ…… 117
争　ソウ…… 133
相　ソウ…… 43
慥　ゾウ…… 123
則　ソク…… 157
即　ソク…… 157
速　ソク…… 118

タ　行

侘　タ…… 54
打　ダ…… 44
但　タン…… 162
段　ダン…… 20
抽　チュウ…… 41
牒　チョウ…… 86
輒　チョウ…… 124
勅　チョク…… 84
追　ツイ…… 108
適　テキ…… 121
忝　テン…… 126
度　ド…… 69
当　トウ…… 131
等　トウ…… 45
動　ドウ…… 121

ナ　行

如　ニョ…… 65
任　ニン…… 138
能　ノウ…… 114

ハ　行

白　ハク…… 117
莫　バク…… 70
匪　ヒ…… 133
比　ヒ…… 46
罷　ヒ…… 43
被　ヒ…… 35, 58
畢　ヒツ…… 72
付　フ…… 39
不　フ…… 55, 125
夫　フ…… 161
補　フ…… 40
符　フ…… 86
勿　ブツ…… 70
分　ブン…… 48
併　ヘイ…… 128
并　ヘイ…… 108
炳　ヘイ…… 49
別　ベツ…… 116
偏　ヘン…… 113
返　ヘン…… 92
奉　ホウ…… 36, 75
本　ホン…… 165

マ　行

無　ム…… 46, 52, 53, 54
明　メイ…… 48

ヤ　行

也　ヤ…… 64
哉　ヤ…… 77

弥　ヤ…… 112
又　ユウ…… 106
尤　ユウ…… 112
猶　ユウ…… 107, 163
由　ユウ…… 103
与　ヨ…… 139
歟　ヨ…… 76
與　ヨ…… 139
抑　ヨク…… 161
欲　ヨク…… 66

ラ　行

慮　リョ…… 51
了　リョウ…… 72
聊　リョウ…… 45, 116
良　リョウ…… 116
領　リョウ…… 36
綸　リン…… 85
令　レイ…… 60
録　ロク…… 40
勒　ロク…… 40

ワ　行

猥　ワイ…… 124
或　ワク…… 109

著者略歴

一九六八年　福島県郡山市に生まれる

一九九六年　筑波大学大学院歴史・人類学研究科単位取得退学

現在　就実大学人文科学部教授、博士（文学、筑波大学）

〔主要著書・論文〕

『荘園社会における宗教構造』（校倉書房、二〇〇四年）

「荘鎮守における組織と祭祀」（『民衆史研究』六八号、二〇〇四年）

「中世前期における地域社会と宗教秩序」（『歴史学研究』八二〇号、二〇〇六年）

日本史を学ぶための古文書・古記録訓読法

二〇一五年（平成二十七）三月十日　第一刷発行

二〇二五年（令和七）四月一日　第十二刷発行

監修　日本史史料研究会

著者　苅《かり》米《こめ》一《ひと》志《し》

発行者　吉川道郎

発行所　株式会社吉川弘文館

郵便番号一一三―〇〇三三

東京都文京区本郷七丁目二番八号

電話〇三―三八一三―九一五一（代）

振替口座〇〇一〇〇―五―二四四番

https://www.yoshikawa-k.co.jp/

組版＝文選工房

印刷＝藤原印刷株式会社

製本＝株式会社ブックアート

装幀＝伊藤滋章

ISBN978-4-642-08273-0